RACONTE-MOI
LE MÉTRO DE
MONTRÉAL

La collection Raconte-moi *est une idée originale*
de Louise Gaudreault et de Réjean Tremblay.

Éditrice-conseil : Louise Gaudreault
Mentor : Réjean Tremblay
Coordination éditoriale : Pascale Mongeon
Direction artistique : Julien Rodrigue
  et Roxane Vaillant
Illustrations : François Couture
Design graphique : Christine Hébert
Infographie : Caroline Richard
  et Chantal Landry
Correction : Caroline Hugny et
  Odile Dallaserra
Plan, schémas, éléments graphiques et
paroles de la chanson de la publicité
« Il fait beau dans le métro » : © Archives
de la Société de Transport de Montréal

DISTRIBUTEUR EXCLUSIF :

Pour le Canada et les États-Unis :
MESSAGERIES ADP inc.*
2315, rue de la Province
Longueuil, Québec J4G 1G4
Téléphone : 450-640-1237
Télécopieur : 450-674-6237
Internet : www.messageries-adp.com
* filiale du Groupe Sogides inc.,
  filiale de Québecor Média inc.

Catalogage avant publication de
Bibliothèque et Archives nationales du
Québec et Bibliothèque et Archives Canada

Clairoux, Benoît, 1972-
    Le métro de Montréal
    (Raconte-moi)
    Pour les jeunes.
    ISBN 978-2-89754-041-8
    1. Métros - Québec (Province) - Montréal -
Ouvrages pour la jeunesse. I. Titre.
II. Collection : Raconte-moi.

HE4509.M8C522 2016   j338.4'20971428
C2016-941041-2

09-16
Imprimé au Canada

Dépôt légal : 2016
Bibliothèque et Archives nationales
du Québec

ISBN 978-2-89754-041-8

Gouvernement du Québec – Programme de crédit
d'impôt pour l'édition de livres – Gestion SODEC –
www.sodec.gouv.qc.ca

L'Éditeur bénéficie du soutien de la Société de
développement des entreprises culturelles du
Québec pour son programme d'édition.

Conseil des Arts   Canada Council
du Canada   for the Arts

Nous remercions le Conseil des Arts du Canada
de l'aide accordée à notre programme de publication.

Financé par le gouvernement du Canada   Canadä
Funded by the Government of Canada

Nous reconnaissons l'aide financière du gouvernement du Canada par l'entremise du Fonds du
livre du Canada pour nos activités d'édition.

Benoît Clairoux

RACONTE-MOI
LE MÉTRO DE
MONTRÉAL

petit homme
Une société de Québecor Média

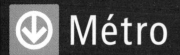

Métro

Direction Saint-Jérôme

Direction Mascouche

N

● MONTMORENCY ☖ ℗   DE LA CONCORDE ☖   CARTIER ☖ ℗

● HONORÉ-BEAUGRAND

RADISSON ℗

HENRI-BOURASSA ☖

LANGELIER

SAUVÉ

CADILLAC

CRÉMAZIE

ASSOMPTION

● SAINT-MICHEL

JARRY

D'IBERVILLE

VIAU

FABRE

PIE-IX

● JEAN-TALON ☖   BEAUBIEN

JOLIETTE

DE CASTELNAU

ROSEMONT

PRÉFONTAINE

PARC

LAURIER

FRONTENAC

ACADIE

MONT-ROYAL

PAPINEAU

● CÔTE-VERTU ☖

SHERBROOKE

BEAUDRY

OUTREMONT

JEAN-DRAPEAU

DU COLLÈGE

● ● ● BERRI-UQAM ☖ ▯

● LONGUEUIL–
UNIVERSITÉ-DE-
SHERBROOKE ℗

ÉDOUARD-
MONTPETIT

SAINT-LAURENT

DE LA SAVANE

UNIVERSITÉ-
DE-MONTRÉAL

PLACE-DES-ARTS

CHAMP-DE-MARS ☖

℗ NAMUR

McGILL

PLAMONDON

CÔTE-DES-NEIGES

PEEL

PLACE-D'ARMES

CÔTE-SAINTE-CATHERINE

GUY-CONCORDIA

SQUARE-VICTORIA-OACI

**Direction
Deux-Montagnes**

● ● SNOWDON

ATWATER

BONAVENTURE ▯

VILLA-MARIA

LUCIEN-L'ALLIER

**Direction
Mont-Saint-Hilaire**

VENDÔME

GEORGES-VANIER

**Direction
Vaudreuil–Hudson**

PLACE-SAINT-HENRI

● LIONEL-GROULX ☖

CHARLEVOIX

JOLICOEUR

LASALLE

Aéroport / Centre-ville

MONK

DE L'ÉGLISE

VERDUN

● ANGRIGNON ℗

**Direction
Candiac**

	Terminus
●	Station de métro
◉	Station de correspondance
⋯	Station intermodale
☖	Ascenseur
☖	Ascenseur ligne orange
℗	Stationnement incitatif
←	Ligne de trains de banlieue
---- 🚌	747 bus Aéroport / Centre-ville
🚊	Gare Centrale
▯	Gare d'autocars de Montréal

❯stm

PRÉAMBULE

Le matin du 23 mai 1962, des centaines de Montréalais sont réunis rue Berri, au sud de la rue Jarry. Ils entourent Jean Drapeau, le maire de la ville, Lucien Saulnier, le président du comité exécutif, et d'autres dignitaires, qui se tiennent debout sur un camion-remorque. Que se passe-t-il?

Le maire Drapeau s'approche des micros et déclare : « Ce que nous célébrons, aujourd'hui, c'est le cinquantenaire du métro, car cela fait 50 ans que l'on discute du métro à Montréal. Nous avons cru que la meilleure façon de célébrer ce cinquantenaire était de commencer les travaux de construction. » Ainsi débute la construction du métro de Montréal!

Le 25 avril précédent, la Ville de Montréal octroyait le premier contrat de construction du métro aux entreprises Foundation of Canada Limited et Charles Duranceau Limitée. Celles-ci sont chargées de construire le tunnel sous la rue Berri, entre les futures stations Crémazie et Jean-Talon. C'est pourquoi on tient, un mois plus tard, une cérémonie à cet endroit.

Après les discours d'usage, Lucien Saulnier tire sur une corde pour activer le sifflet appelant les ouvriers au travail. À 8 h précises, le bruit des marteaux-piqueurs se fait entendre. C'est le début du chantier le plus spectaculaire de l'histoire de la métropole...

Le même jour, la Ville de Montréal autorise la construction du tunnel entre les futures stations Jean-Talon et Rosemont. Puis, ce sera au tour du tunnel qui doit relier le métro aux ateliers d'Youville, à l'angle des boulevards Crémazie et Saint-Laurent. Il n'y a plus de doute possible : le métro s'en vient !

UN MÉTRO, C'EST QUOI ?

Avant d'aller plus loin, il faut s'entendre sur la définition du mot « métro ». Ce mot est utilisé pour la première fois à Paris, au début des années 1900, pour désigner le nouveau réseau ferroviaire de la ville.

Le véritable nom de ce réseau est « chemin de fer métropolitain ». Rapidement, l'expression « chemin de fer métropolitain » est réduite à « métropolitain », puis à « métro ». Un métro est donc, en théorie, un réseau de chemin de fer desservant une métropole, c'est-à-dire une grande ville.

Partout dans les villes du monde, il existe des métros souterrains, en surface ou aériens, sur roues d'acier ou sur pneus, dans de grandes villes et dans de plus petites… tout comme il existe des trains de banlieue, des systèmes légers sur rail (SLR), des tramways et des navettes ferroviaires.

Toutes sortes de réseaux de transport portent le nom de « métro ». Mais ce n'est pas parce qu'un réseau est appelé « métro » qu'il en est vraiment un !

Un métro, c'est un réseau de transport public urbain de masse, guidé sur site propre, c'est-à-dire qu'il ne croise aucun autre mode de transport. Dans le cas du réseau de Montréal, il s'agit sans aucun doute d'un métro puisqu'il est l'un des rares à être entièrement souterrain et, par le fait même, en site propre.

Ailleurs dans le monde, il est plus difficile de trancher. Est-ce que le funiculaire souterrain de Ḥaïfa, en Israël, peut être considéré comme un métro ? Et que penser du réseau de Serfaus, en Autriche, qui n'est long que de 3,2 kilomètres ? Pour cette raison, personne ne s'entend sur le nombre exact de métros dans le monde. Mais ce dont on est sûr, c'est qu'il y en a plus de 150.

***

Si on ne peut s'entendre sur le nombre exact de métros dans le monde, on est d'accord sur ceci : le métro est le moyen de transport qui permet d'embarquer le plus de gens dans une même direction, dans le délai le plus court. Oubliez l'auto, le bus, le tramway, le train ou même l'avion : le métro les bat tous.

Et pour cause : le métro est conçu pour éviter tous les obstacles. Un feu rouge ? Un embouteillage ? Un accident de la route ? Le métro passe au-dessus ou par-dessous. Bien sûr, des incidents peuvent survenir dans le réseau du métro, mais ils sont beaucoup moins nombreux que sur la route.

Dans le métro, un seul train peut transporter jusqu'à 1000 passagers, deux fois ce que transporte généralement un gros avion de ligne comme un 747. C'est donc dire que durant les périodes les plus achalandées de la journée, le métro de Montréal transporte l'équivalent d'environ 140 gros avions en même temps ! Et sans que les passagers doivent subir une attente interminable avant le prochain vol !

Mais voilà, le métro a aussi un défaut : il est le plus cher à construire. La construction d'un kilomètre de métro coûte au moins 150 millions de dollars. C'est beaucoup d'argent !

Voilà pourquoi, avant d'entreprendre la construction d'un réseau de métro ou de le prolonger, il faut réaliser plusieurs études afin d'être bien certain de son coup. Il serait catastrophique de construire un réseau au mauvais endroit, qui n'attirerait pas assez de voyageurs pour justifier son coût élevé...

2

LES MÉTROS DANS LE MONDE

Le tout premier réseau de métro au monde a été inauguré à Londres, en Angleterre, en 1863. Pourquoi Londres? Parce qu'à cette époque, la capitale du Royaume-Uni compte déjà plus d'un million d'habitants, un sommet dans le monde occidental. Pour résoudre le problème des rues encombrées, on décide de construire un métro sous terre... même si la technologie n'est pas encore au point!

En fait, l'idée d'un réseau de transport souterrain n'est pas nouvelle. Dès le 15e siècle, le célèbre inventeur Léonard de Vinci dessine une cité dotée de tunnels pour les « chariots et autres transports destinés à l'usage et aux commodités du peuple ». Idée ancienne, donc, mais qu'il faut perfectionner avant de la mettre en pratique.

Dans les années 1860, les trains fonctionnent encore à la vapeur et conviennent difficilement à une exploitation en sous-sol, même à faible profondeur. Londres tente tout de même l'expérience. Malgré la fumée qui incommode les voyageurs, le Metropolitan Railway (le terme *Underground* et le surnom *Tube* viendront plus tard) remporte un grand succès.

Il faut toutefois attendre le perfectionnement du train à propulsion électrique avant que d'autres grandes villes du monde tentent l'aventure : Budapest (1896), Glasgow (1896), Boston (1897), Chicago (1897), Paris (1900), Berlin (1902), Athènes (1904)...

Le cas de New York est plus compliqué : là-bas, on exploite un métro aérien à compter de 1868, mais les premières sections en tunnel ne sont mises en service qu'en 1904, année aujourd'hui considérée comme le point de départ du réseau new-yorkais.

Suivent ensuite les métros de Philadelphie (1907), Hambourg (1912), Buenos Aires (1913), Madrid (1919), Barcelone (1924), Tokyo (1927), Osaka (1933), Moscou (1935), Stockholm (1950), Toronto

(1954), Rome (1955), Saint-Pétersbourg (1955), Cleveland (1955), Nagoya (1957), Lisbonne (1959), Kiev (1960), Milan (1964), Oslo (1966) et, enfin, Montréal (1966). Eh oui, notre métro entre en service 12 ans après celui de Toronto !

Certaines grandes villes devront attendre davantage : Vancouver a son métro en 1985, et Copenhague n'inaugurera le sien qu'en 2002. La construction de certains réseaux nécessite des dizaines d'années d'efforts, comme à Alger, où les travaux, entamés dans les années 1980, ne sont achevés qu'en 2011. C'est tout de même mieux qu'à Cincinnati, où le chantier est carrément abandonné ! Aujourd'hui, la plupart des nouveaux réseaux sont construits en Asie, notamment en Chine.

Mais pourquoi avoir tant attendu avant de construire un métro à Montréal? C'est ce que nous allons voir dans les pages qui suivent.

3

ENFIN, UN MÉTRO
À MONTRÉAL!

Depuis l'année 1861 et jusqu'en 1959, Montréal est dotée d'un vaste réseau de tramways qui circulent aux quatre coins de la ville. Toutefois, l'automobile prend une place de plus en plus importante, et les tramways se suivent souvent à la queue leu leu, ce qui retarde le service. Il faut donc trouver autre chose. Le métro semble représenter la solution.

Les premiers projets de métro apparaissent à Montréal vers 1910. Il s'agit alors de construire des tunnels pour les lignes de tramway les plus achalandées, celles du centre-ville. Mais ces projets échouent, car personne ne veut les financer. Surtout pas la Montreal Tramways, compagnie privée qui gère tout le transport collectif dans la métropole…

La compagnie propose un autre projet de métro en 1944, mais la Ville refuse de lui faire ce « cadeau » ; la Montreal Tramways ferait des profits énormes si son projet était accepté. La Ville entame les procédures pour racheter les actions de la compagnie, dans le but de faire de celle-ci un service de transport public, la Commission de transport de Montréal. Celle-ci est créée en 1950. Elle succède à la Montreal Tramways et reçoit, l'année suivante, le mandat de proposer un nouveau projet de métro.

La Commission de transport ne perd pas de temps et présente son projet de métro dès 1953. Le métro projeté comprend une seule ligne pour commencer, qui serait située le long de la rue Saint-Denis, entre le boulevard Crémazie et la rue Saint-Jacques, puis suivrait cette dernière et la rue Sainte-Catherine vers l'ouest.

Mais le moment n'est pas encore venu de construire un métro à Montréal, car tous ne sont pas d'accord sur le tracé et sur le prix à payer. Il faudra attendre l'élection en 1960 d'une nouvelle équipe, menée par un maire visionnaire et par son efficace « bras droit ».

***

En 1960, l'élection du tandem formé par le maire Jean Drapeau et le président du comité exécutif Lucien Saulnier marque le début d'une nouvelle ère dans l'histoire de Montréal. Les finances de la Ville sont en bonne santé et sa structure politique a été simplifiée. Le temps des grands travaux est enfin arrivé !

Une fois élu, le tandem Drapeau-Saulnier déclare que la Ville construira et financera elle-même son réseau de métro, qui sera bien entendu situé en grande partie sur son territoire. Ce que le tandem ne dit pas, c'est qu'il demandera plus tard aux villes voisines de payer leur part, car elles aussi profiteront du métro !

Le 26 janvier 1961, le gouvernement du Québec autorise Montréal à construire son métro. On commence alors des études pour déterminer l'emplacement des premières stations. C'est en effectuant des sondages dans le Vieux-Montréal, par exemple, qu'on se rend compte que le sol y est très mauvais et qu'il vaut mieux creuser ailleurs.

Le 20 octobre 1961, le tandem Drapeau-Saulnier annonce l'emplacement quasi définitif des premières stations du réseau. Une ligne sera située sous la rue Berri, du boulevard Crémazie à la rue Craig (aujourd'hui la rue Saint-Antoine), puis sous cette dernière jusqu'à la hauteur de la place d'Armes. L'autre ligne sera creusée au nord de la rue Sainte-Catherine, entre l'avenue Atwater et la rue Frontenac.

Le coût du projet est estimé à 132 millions de dollars. Certains conseillers municipaux s'opposent à cet investissement, mais se ravisent lorsqu'on menace de ne pas écrire leur nom sur la grande plaque qu'on a l'intention de dévoiler lors de l'inauguration du métro! Cette grande plaque, au bout du compte, ne sera jamais réalisée.

***

Une célèbre photo des Archives de la Ville de Montréal, prise en mars 1963, montre trois hommes en veston qui tiennent dans leurs mains un modèle réduit d'une voiture de métro. Il s'agit de Lucien Saulnier, de l'ingénieur Lucien L'Allier et de Jean Drapeau. Tous trois ont reçu le titre de « père du métro ».

Qui est Lucien Saulnier ?

Président du comité exécutif de la Ville de Montréal de 1960 à 1970, Lucien Saulnier est celui qui mérite le plus le titre de « père du métro ». S'il accepte de faire campagne avec le futur maire Jean Drapeau aux élections de 1960, c'est à la condition qu'un métro soit construit à Montréal. Et pas n'importe quel métro : un réseau entièrement souterrain, pas un monorail comme le souhaite Drapeau !

Gestionnaire efficace et réfléchi, Saulnier est le partenaire idéal pour Drapeau, l'homme des grands projets. Plus tard, l'ingénieur en chef adjoint lors de la construction du réseau initial, Gérard Gascon, dira de lui : « Si Lucien Saulnier n'avait pas été là durant toutes ces années, je ne sais pas ce que nous aurions fait. »

Qui est Lucien L'Allier ?

Lucien L'Allier est le premier ingénieur en chef du métro, poste qui lui revient de droit en tant que directeur du Service des travaux publics. Il dirigera aussi la Commission de transport pendant dix ans. Après son décès survenu en 1978, on donnera son nom à la station Aqueduc, alors en construction.

Qui est Jean Drapeau?

Maire de Montréal de 1954 à 1957 et de 1960 à 1986, Jean Drapeau dirige « sa » ville comme personne ne l'a fait auparavant, ni même après. Il connaît la gloire avec le métro et l'Exposition universelle de 1967, puis se retrouve au cœur d'une controverse lorsque les Jeux olympiques de 1976 coûtent beaucoup plus cher que prévu.

Le maire Drapeau est de toutes les grandes discussions sur le métro et insiste pour que le mot « métro » soit écrit avec l'accent aigu sous le symbole de la flèche. Il visite aussi de temps à autre le chantier, défonçant à coups de pied les palissades qui bloquent son chemin! Il n'est donc pas surprenant que la station Île-Sainte-Hélène soit rebaptisée en son honneur après son décès, survenu en 1999.

Mais s'il y a un nom à retenir dans l'histoire du métro de Montréal, c'est celui de Gérard Gascon.

Il est pourtant peu connu, ce qui donne raison à Fulgence Bienvenüe, l'ingénieur en chef du métro de Paris, qui a dit un jour : « Le propre des constructions souterraines, c'est d'être parfaitement ingrates à l'égard de leurs auteurs... »

Gérard Gascon commence sa carrière d'ingénieur dans les mines du nord de l'État du Michigan, aux États-Unis. De retour au Canada, il joint les rangs du Service des travaux publics de la Ville de Montréal et participe à l'élargissement du boulevard Dorchester (aujourd'hui le boulevard René-Lévesque) et à la construction du boulevard Métropolitain.

En 1961, Gascon est nommé ingénieur en chef adjoint du métro. Dans les faits, il est le véritable ingénieur en chef, puisque le détenteur du titre, Lucien L'Allier, gère plusieurs autres dossiers. Gascon n'a jamais voyagé en métro de sa vie, mais il a creusé des mines, alors les tunnels, il connaît ça ! C'est lui qui recommande la construction d'un métro sur pneus, avec des voitures de petit gabarit, ce qui rendra la construction des tunnels plus abordable.

Nommé directeur du Bureau de transport métropolitain (BTM) en 1970, Gérard Gascon reçoit le mandat de prolonger le métro dans toutes les directions. Il s'acquittera de cette tâche avec brio, jusqu'à sa retraite en 1984.

4

UN DÉFI POUR ARCHITECTES ET DESIGNERS

Le métro de Montréal aurait pu être construit comme les métros de New York ou de Toronto : une succession de stations presque identiques, sans véritable architecture particulière. Heureusement, ce ne fut pas le cas.

Lorsque le projet du métro démarre en 1961, Guy R. Legault fait partie du Service de l'urbanisme de la Ville de Montréal. Il développe quatre idées qui changeront le visage du métro de Montréal. D'abord, il suggère de construire le métro sous des rues parallèles aux grandes artères, pour ne pas nuire au commerce sur les rues Sainte-Catherine et Saint-Denis durant les travaux. Ensuite, il propose de remplacer les petits couloirs dans les stations par de larges passerelles au-dessus des quais, passerelles qui seront connectées à la « ville souterraine » créée en 1962 avec la construction de la Place Ville Marie.

Dans la même veine, il demande à ce que les architectes soient consultés le plus tôt possible, afin de favoriser leur pleine participation au processus de création des stations, toutes différentes les unes des autres. Enfin, il suggère à la Ville de prévoir la construction de bâtiments au-dessus des stations.

Guy R. Legault peut compter sur toute l'équipe du Service de l'urbanisme, dont Claude Robillard, le directeur, qui se sert de son autorité avec tact pour faire avancer les dossiers et mettre les choses en place.

***

La tâche d'établir les standards d'architecture est confiée à l'architecte Pierre Bourgeau. Ce dernier est chargé de coordonner le travail des designers et des architectes sélectionnés par la Ville. Il s'intéresse aussi à l'intégration d'œuvres d'art dans le réseau : il est le premier à avancer l'idée de réserver un pourcentage du coût total des travaux pour la création d'œuvres d'art dans chaque station.

C'est aussi à Pierre Bourgeau que l'on doit l'entrée de style art nouveau de la station Square-Victoria–OACI. Il raconte : « Lors d'un voyage d'études à Paris, on m'a fait visiter un chantier près de l'Arc de Triomphe. En voyant des ouvriers retirer avec soin la balustrade entourant la bouche de métro, réalisée vers 1900 par Hector Guimard, j'ai demandé s'il était possible d'en installer une à Montréal. Un beau jour, j'ai reçu un appel me disant d'aller chercher l'entourage Guimard dans le port de Montréal. Le hasard a voulu que le seul endroit disponible pour l'installer soit situé à proximité de la statue de la reine Victoria. Depuis ce jour, la France et l'Angleterre se côtoient ! »

***

Le symbole du métro de Montréal et les voitures de première génération sont dessinés par la firme Jacques Guillon et Associés, le premier bureau multidisciplinaire de designers au Canada. Devenue par la suite GSM Design, cette firme dessine aussi les voitures de deuxième génération, au début des années 1970.

Le symbole du métro de Montréal, avec sa flèche dans un cercle, est un modèle du genre : il est simple, efficace et facilement reconnaissable. Pour le réaliser, le designer Jacques Roy, du bureau de Jacques Guillon, s'inspire du symbole du métro de Londres, un cercle traversé par une barre horizontale.

Les voitures originales du métro de Montréal, à l'exception des bogies (chariots où sont fixées les roues), sont également dessinées par les designers de la firme de Jacques Guillon. Ceux-ci élargissent au maximum le petit gabarit inspiré du métro de Paris et gagnent une quinzaine de centimètres de largeur en arrondissant la caisse.

Le choix des couleurs n'est pas le fruit du hasard, comme le raconte Jacques Guillon : « Le bleu et le blanc sont les couleurs du Québec ; cela a peut-être joué un certain rôle dans notre esprit. Mais la raison principale était l'entretien des voitures : une couleur neutre comme le bleu métallisé se nettoie plus facilement.

« Quand nous avons montré la voiture bleue et blanche au maire Drapeau, il a dit qu'il préférerait une voiture aux couleurs de la Ville de Montréal, blanche avec une ligne rouge. Mais Lucien Saulnier lui a répondu que ces voitures blanches seraient toujours sales et difficiles à nettoyer. On a donc opté pour le bleu et le blanc ! »

5

UN MÉTRO SUR PNEUS

Lorsque Jean Drapeau et Lucien Saulnier se rendent à Paris après l'élection de 1960, ils découvrent la seule ligne de métro au monde utilisant des voitures sur pneus. En effet, des ingénieurs de la Régie autonome des transports parisiens (RATP) ont développé ce système, qui sera ensuite adopté par le métro de Montréal et quelques autres réseaux. Mais pourquoi avoir remplacé les roues d'acier par des pneus ?

Dans les années 1930, la compagnie Michelin croit que les trains seraient plus confortables si leurs roues d'acier étaient remplacées par des pneus, de marque Michelin bien entendu. La firme conçoit donc une voiture sur pneus pouvant circuler sur les rails, surnommée « Micheline ».

Disposant d'une meilleure adhérence, un train sur pneus accélère et freine plus rapidement. Pour un métro et ses stations rapprochées, c'est un avantage important, car le temps gagné permet d'ajouter des trains sur la ligne, et donc de transporter plus de voyageurs.

C'est pourquoi la RATP décide dans les années 1950 de transformer toutes ses lignes de métro. Ses ingénieurs font une première tentative sur une ligne d'importance moyenne, la ligne 11. Devant le succès remporté par les nouvelles voitures sur pneus, la RATP joue le tout pour le tout et décide de transformer sa ligne la plus achalandée, la ligne 1. Encore une fois, le succès est au rendez-vous.

Après la transformation des lignes 4 et 6, la RATP met fin à son programme car ces transformations coûtent cher et les nouvelles voitures sur roues d'acier sont plus performantes qu'avant. Elle choisira tout de même le métro sur pneus pour équiper sa nouvelle ligne 14, inaugurée en 1998.

Le métro de Montréal est le premier au monde à rouler entièrement sur pneus. Cette technologie exige des infrastructures plus complexes que le

métro sur roues d'acier, soit deux pistes de roulement pour accueillir les pneus porteurs, deux
barres latérales pour les petits pneus de guidage
et pour l'alimentation électrique, et une voie fer-
rée classique pour le retour du courant ainsi que
pour le guidage des voitures au cours des changements de voie (car il y a une roue métallique der-
rière chaque pneu porteur).

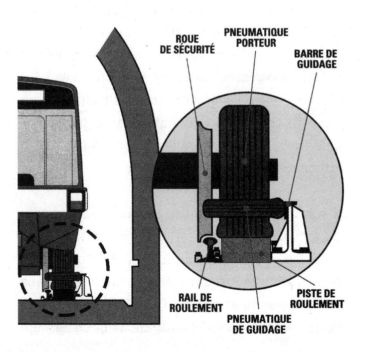

ROUE
DE SÉCURITÉ

PNEUMATIQUE
PORTEUR

BARRE DE
GUIDAGE

RAIL DE
ROULEMENT

PNEUMATIQUE
DE GUIDAGE

PISTE DE
ROULEMENT

Mais le jeu en vaut la chandelle. En plus d'accélérer et de freiner plus rapidement, le métro sur pneus est plus silencieux, ne transmet aucune vibration aux édifices environnants et peut affronter des pentes plus prononcées. C'est ce dernier avantage qui est déterminant dans le choix de cette technologie pour le métro de Montréal.

Contrairement à ce que l'on pourrait croire, il est moins coûteux de creuser un tunnel très profondément dans le roc que d'ouvrir une rue et de creuser ce même tunnel à ciel ouvert, car dans ce dernier cas, il faut déplacer toutes les conduites d'eau, les fils électriques, les égouts, etc. Par contre, il faut éviter de construire des stations trop profondes, car les voyageurs devront ensuite parcourir à pied la distance les séparant de la surface.

La solution : construire des stations relativement peu profondes et creuser des tunnels très profonds. On obtient ainsi un tunnel en forme de cuvette, que le métro sur pneus peut braver sans problème (jusqu'à une pente de 6,5 degrés). Mieux encore : le train accélère naturellement en descen-

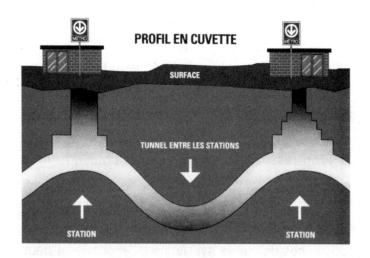

PROFIL EN CUVETTE

SURFACE

TUNNEL ENTRE LES STATIONS

STATION

STATION

dant la cuvette et freine de lui-même en la remontant, ce qui permet d'économiser de l'énergie.

L'ennui, c'est que le métro sur pneumatiques n'est pas conçu pour faire face à la neige et à la glace. Il est donc décidé que le métro de Montréal sera entièrement souterrain, ce qui est bien pratique lorsqu'il y a des tempêtes de neige! Mais un métro entièrement souterrain coûte plus cher à construire.

Pour certains, qui aimeraient bien que le réseau soit prolongé jusqu'en lointaine banlieue, c'est une catastrophe. Mais a-t-on vraiment besoin d'un métro pour desservir la banlieue? Un métro est conçu pour desservir les quartiers centraux de la ville, densément peuplés. Pour les quartiers moins populeux situés en périphérie, il y a les trains de banlieue.

Si Montréal devait choisir aujourd'hui entre un métro sur pneus et un métro sur roues d'acier, il se pourrait que son choix soit différent de celui qui fut fait dans les années 1960. Mais avec les performances des deux systèmes à l'époque, on peut dire que le choix du métro sur pneus était pleinement justifié.

Des sabots de bois… une particularité !

La vaste majorité des voitures de métro dans le monde utilisent des sabots de freins en acier ou en graphite. À Montréal, on utilise plutôt des sabots de bois, moins bruyants que les sabots d'acier et moins polluants que les sabots de graphite.

Ces sabots de bois sont produits aux ateliers d'Youville, situés sur le boulevard Saint-Laurent à Montréal. Lors de chaque entretien périodique des voitures, les ouvriers de la STM remplacent la moitié des sabots, dont la durée de vie ne peut excéder six mois. Même s'ils sont en bois, ces sabots sont très résistants et subissent peu d'avaries. Comment cela?

Les sabots sont faits de merisier, un bois très dur. Le merisier arrive à l'atelier en madriers longs de plusieurs mètres, qui sont tranchés en morceaux de 38 centimètres (15 pouces) de long. Grâce à une scie à ruban, on s'assure que les sabots ont la bonne épaisseur et la bonne courbe. Enfin, une troisième machine leur donne leur forme finale.

Ces freins de merisier s'useraient rapidement ou prendraient feu s'ils étaient placés sans protection sur les roues des voitures. C'est pourquoi ils sont imprégnés... d'huile d'arachide! Pourquoi? Parce que ce produit est capable de résister à des températures très élevées. Dans une drôle de machine surnommée « machine à pinottes », l'huile d'arachide est injectée à très haute pression dans les sabots. Non, il n'y a pas de danger pour les voyageurs allergiques!

Les sabots de bois sont également imprégnés d'osmose, un agent de conservation *mélangé avec de l'eau, pour contrer l'humidité qui sévit dans les tunnels. Un étrier de métal est ensuite vissé sur chaque sabot. Au total, on trouve 16 sabots de bois par voiture, soit 2 sabots pour chaque roue, y compris sur les nouvelles voitures Azur.*

***

En mars 1963, la Ville de Montréal procède à un appel d'offres pour la fourniture de 279 voitures de métro. Alors qu'elle s'attendait à payer environ 20 millions de dollars, elle doit vite déchanter : les soumissions de la Canadian Vickers et de la Montreal Locomotive Works (MLW) dépassent les 40 millions de dollars !

Heureusement, les tunnels coûtent beaucoup moins cher à construire que prévu, ce qui permet d'allonger tout de suite le réseau. Il faut donc plus de voitures, 369 pour être précis. La Ville procède à un autre appel d'offres en août 1963. Cette fois, la Vickers l'emporte au coût de 45 513 918 $.

Le choix de la Vickers en surprend plusieurs. Il est vrai que cette entreprise, spécialisée dans la construction de navires, n'a pas l'expérience de la MLW. Mais elle a obtenu le soutien de la CIMT-Lorraine, la référence française en matière de métro sur pneus. La Vickers aménage donc un nouvel atelier, à l'angle des rues Notre-Dame Est et Viau.

En plus des 369 voitures MR-63 (matériel roulant de 1963) pour la clientèle, la Vickers livre 5 autres voitures sur pneus, réparties sur deux trains bien spéciaux : un train de cueillette, pour recueillir l'argent et le contenu des poubelles, et un train dépoussiéreur, pour recueillir la poussière sur les rails. Ce dernier train, toujours en service, a une capacité de plus de 1500 fois celle d'un aspirateur domestique !

Bien entourée, la Vickers fabrique de bonnes voitures de métro, n'empruntant aux navires que leur klaxon, une corne de brume. Toutefois, elle ne parviendra pas à obtenir le contrat de fabrication des voitures de deuxième génération, et elle cessera ses activités en 1989.

6

LE CHANTIER DU SIÈCLE

La Ville de Montréal a ainsi décidé de construire elle-même son métro. Elle met rapidement sur pied une équipe multidisciplinaire nommée « Bureau du métro ». Cette équipe comprend des employés du Service des travaux publics et du Service de l'urbanisme, mais aussi de la Commission de transport, qui exploitera le réseau.

Tous ces gens ont beaucoup d'expertise, mais peu savent comment construire un réseau de métro ! C'est pourquoi il faut faire appel à des spécialistes de l'étranger. Puisque le métro de Montréal sera sur pneus, la Ville laisse de côté les grandes firmes américaines et obtient la collaboration des ingénieurs de la RATP, venus de France.

La collaboration n'est pas toujours facile, car les Montréalais ne se contentent pas d'écouter les Français : ils veulent que leur métro leur ressemble, qu'il ne soit pas une simple copie du métro de Paris. C'est pour cette raison, par exemple, que les stations du métro de Montréal ont un plus grand volume que celles de la Ville lumière.

Après la construction du réseau initial, le Bureau du métro pourra voler de ses propres ailes et deviendra le Bureau de transport métropolitain (BTM), chargé de réaliser les prolongements du réseau. Même si le BTM n'existe plus depuis 1996, ses employés sont fiers d'avoir bâti le métro ensemble, et ils continuent de se réunir de temps à autre.

***

Au plus gros de la construction du réseau initial, plus de 5000 ouvriers s'activent sur les divers chantiers. Ça en fait, du monde!

Dans un premier temps, on creuse les tunnels. On fore des trous dans le roc, on y insère des explosifs, on se met à l'abri et… boum! Le tunnel vient d'avancer de quelques mètres. On égalise la paroi

pour qu'elle épouse la forme du tunnel et on bétonne le tout. Quand le sol est plus fragile ou qu'il faut travailler à ciel ouvert, on construit un tunnel en béton armé, c'est-à-dire avec une armature métallique à l'intérieur.

Par la suite, on construit les stations. Un architecte choisi par le Bureau du métro dessine les plans : il s'agit parfois d'un architecte du Bureau, parfois d'un architecte issu d'une firme privée. Chaque station sera différente des autres, mais on s'assure qu'elles auront entre elles un certain air de famille.

Enfin, on pose la voie. Cela inclut les pistes de roulement et les rails, mais aussi des aiguillages à certains endroits, afin de permettre aux trains de faire demi-tour en cas d'incident. De petites plaques jaunes indiquent la longueur exacte de la voie.

On construit aussi un centre de contrôle, endroit gardé secret car rien ne doit gêner son fonctionnement. On y gère le mouvement des trains, mais aussi les équipements fixes comme les pompes, car il y a toujours de l'eau qui s'infiltre dans les tunnels. On s'assure également que l'électricité fournie par Hydro-Québec se rend à chacun des postes du réseau.

**

Au cours de la construction du réseau initial, pas moins de 12 ouvriers trouvent la mort. Et c'est sans compter de nombreux blessés graves. Ici, une chute mortelle ; là, un camion qui dévale une rampe d'accès ; ailleurs, un bloc de béton ou une plaque de métal qui fauche aveuglément un ouvrier...

L'accident le plus tragique survient le 11 septembre 1964, quelques minutes avant la pause du midi. Une violente explosion sur le chantier à l'angle des rues du Havre et Lafontaine fait trois morts et plusieurs blessés. L'enquête démontre qu'un éboulement a fait tomber un gros morceau de roc sur les explosifs qui étaient entreposés dans le tunnel.

Le président de la Confédération des syndicats nationaux (CSN), Marcel Pépin, estime que la sécurité sur tous les chantiers de construction laisse à désirer : « Les 12 accidents qui se sont produits jusqu'ici durant la construction du métro sont 12 de trop. La vie d'un ouvrier vaut plus que tout au monde. » Malheureusement, d'autres ouvriers perdront la vie durant la construction des prolongements du métro.

Toutefois, grâce aux normes mises de l'avant par la Commission de la santé et de la sécurité du travail (CSST), aucun accident grave ne survient durant le prolongement du métro à Laval, amorcé en 2007. Comme quoi il vaut mieux payer le prix nécessaire et prendre le temps qu'il faut pour que les travaux s'effectuent dans la plus grande sécurité...

À la station Monk, deux grandes sculptures réalisées par l'artiste Germain Bergeron représentent des ouvriers du métro à l'œuvre. Le premier tient un pic, tandis que l'autre tient une pelle. *Pic* et *Pelle* sont là pour nous rappeler les sacrifices de tous les ouvriers du métro.

7

UNE LIGNE SOUS LE FLEUVE

Dans la vie, il arrive souvent des imprévus, et le développement d'un réseau de métro n'y fait pas exception. Sur les plans originaux, on n'avait pas prévu de construire une ligne sous le fleuve, mais l'annonce de la tenue de l'Exposition universelle de 1967, sur les îles Sainte-Hélène et Notre-Dame, change la donne. Cette immense exposition réunira en un même lieu les réalisations d'une soixantaine de pays.

Gérard Gascon raconte : « Un jour, au bureau, j'ai reçu un appel de Lucien Saulnier. Il m'a confié que la Ville de Montréal songeait à organiser l'Expo sur les îles situées en face du centre-ville, au milieu du fleuve. Mais pour tenir l'Expo à cet endroit, il fallait d'abord s'assurer que le métro puisse s'y rendre à partir de la station Berri-De Montigny (qui s'appelle aujourd'hui Berri-UQAM). Monsieur Saulnier voulait donc savoir si c'était possible. Je lui ai dit que j'allais étudier la question avec mes collègues. Il m'a répondu : "Est-ce que je dois raccrocher ? Je quitte la ville demain et j'ai besoin d'une réponse maintenant." » Le moins qu'on puisse dire, c'est qu'à l'époque, on passait moins de temps à planifier qu'aujourd'hui !

Gérard Gascon et son équipe ont quand même droit à quelques semaines pour étudier le projet. Il faut changer les plans de la station Berri-De Montigny et trouver un endroit sur la Rive-Sud pour accueillir l'autre terminus. La Ville de Saint-Lambert ne semblant pas intéressée, c'est finalement Longueuil qui l'obtient.

Mais pour agrandir l'île Sainte-Hélène et créer l'île Notre-Dame, il faut beaucoup de roc, et on se demande où en trouver... Pourquoi pas sur le chantier du métro ? C'est ainsi que le roc extrait des tunnels est transporté par camion (des dizaines de véhicules seront nécessaires) jusque sur le site de l'Expo. Il servira également de remblai ailleurs, notamment le long du canal de Lachine.

Entamée en avril 1964, la construction de la ligne jaune exige des mesures particulières en raison de l'état du roc sous le fleuve, moins résistant que celui qu'on trouve sous l'île de Montréal. Tant et si bien qu'au milieu du fleuve, le tunnel doit descendre à plus de 30 mètres sous la surface de l'eau ! Pour atteindre cette profondeur, il faut une pente de plus de 6 %, ce qui est possible avec un métro sur pneus. Cependant, la construction d'une station sur l'île Notre-Dame est annulée, car la pente aurait été trop forte.

Le 7 mars 1966, le vieux rêve de rejoindre Montréal en marchant sous le fleuve se réalise lorsque des dignitaires traversent pour la première fois le tunnel, dont les murs sont encore à l'état de roc. Une tragédie est évitée de justesse : la paroi s'effondre avec fracas, à peine quelques heures plus tard !

Où est la ligne 3 du métro?

Le réseau montréalais compte les lignes 1 (verte), 2 (orange), 4 (jaune) et 5 (bleue)... mais pas de ligne 3! Comment ça se fait? Voici l'explication.

Le réseau proposé en 1961 compte trois lignes : un tronçon est-ouest, la future ligne 1 ; un tronçon nord-sud, la future ligne 2 ; et une troisième ligne, qui doit emprunter le tunnel du Canadien National (CN) sous le mont Royal, pour se rendre au nord-ouest vers Cartierville et au nord-est dans le quartier Ahuntsic. C'est la future ligne 3.

Avant de moderniser cette ligne utilisée par les trains de banlieue, la Ville de Montréal doit s'entendre avec le CN et les villes traversées par la ligne. Or, ces villes ne veulent pas céder leurs pouvoirs à Montréal, qui en retour ne veut pas payer d'impôts.

Passant en surface sur la majeure partie de son tracé, la ligne 3 ne peut accueillir les voitures sur pneus du métro, à moins qu'on apporte d'importantes modifications à la voie. Pour les responsables de la construction du métro, le bassin de population desservi par la ligne 3 n'est pas assez important pour justifier une telle dépense. Ils décident donc de prolonger la ligne 2 de Crémazie à Henri-Bourassa et d'annuler la branche est de la ligne 3, dans le quartier Ahuntsic. En même temps, ils décident de prolonger la ligne 2 de Place-d'Armes à Bonaventure.

Malgré l'ajout d'autres lignes, le numéro 3 est conservé pour la ligne projetée, qui passerait sous le mont Royal. Mais le projet n'est finalement jamais réalisé. Aujourd'hui, les trains de banlieue circulent toujours dans le tunnel sous le mont Royal... mais pas le métro !

8

LE GRAND DÉVOILEMENT

Le 24 août 1965, il y a foule aux ateliers de la Canadian Vickers. Personnalités montréalaises, hauts fonctionnaires municipaux, journalistes... Tous sont venus assister à la remise officielle du premier élément de trois voitures MR-63 à la Ville de Montréal.

C'est à Mme Marie-Claire Drapeau, l'épouse du maire Jean Drapeau, que revient l'honneur de couper le traditionnel ruban inaugural. Aussitôt, l'immense rideau à l'avant-scène s'ouvre. Pour la première fois, le public peut admirer les fameuses voitures bleu et blanc du métro.

Le cardinal Paul-Émile Léger bénit les voitures de métro, c'est-à-dire qu'il demande à Dieu de protéger les personnes qui vont les conduire et y voyager. Le cardinal rejoint ensuite les « pères du métro » (Drapeau, Saulnier et L'Allier) dans la cabine de la voiture 81-1502, à l'avant du train. Les nombreux photographes présents s'empressent de capter cette image pour la postérité.

Puis, le moment tant attendu arrive enfin : le premier élément du métro de Montréal avance de quelques mètres, cinq pour être plus précis. Dans les journaux du lendemain, on note que les nouvelles voitures sont plus étroites mais bien plus belles que celles du métro de Toronto, le rival de celui de Montréal ! Reste à achever les tunnels et les stations...

À propos du cardinal Paul-Émile Léger, l'architecte Pierre Bourgeau racontait cette anecdote : « Un soir, on a permis au cardinal de conduire un train, accompagné bien entendu d'un agent de la Commission de transport. Le saint homme, dans un geste de prière, leva les mains vers le ciel, laissant du même coup les commandes sans surveillance et entraînant aussitôt l'arrêt complet du train ! »

***

L'administration Drapeau-Saulnier tient à ce que le métro soit mis en service avant l'élection municipale du 23 octobre 1966. Elle fixe l'inauguration au vendredi 14 octobre, même si cela signifie que 6 des 26 stations ne seront pas prêtes à temps...

Le 14 octobre, ce n'est pas une, mais bien 20 cérémonies qui ont lieu simultanément. Dans chaque station, un peu avant 14 h, un maître de cérémonie inaugure les lieux en insérant son billet dans un tourniquet, puis en adressant quelques mots aux invités présents. Après une brève visite de la station, tous se rendent sur le quai pour écouter la cérémonie principale qui se déroule à la station Berri-De Montigny, retransmise dans les haut-parleurs.

À 14 h 15, le maire Drapeau invite le représentant officiel du gouvernement français, M. Louis Joxe, à donner le signal de la mise en service du métro. Dans les 19 autres stations, des trains partent simultanément en direction de la station Berri-De Montigny. Une minute plus tard, le premier train arrive de la station Sherbrooke.

Un par un, les 18 autres trains font leur entrée à la station Berri-De Montigny. C'est ici que tout se complique : personne n'a songé à réserver de l'espace aux quelque 5000 invités provenant des 19 autres stations ! Les discours qui suivent sont perdus dans le brouhaha provoqué par le va-et-vient des visiteurs.

Après les hymnes nationaux canadien et français, le maire invite le cardinal Léger à bénir le métro. Le maire remet ensuite au président de la Commission de transport, Lucien L'Allier, le document officiel qui donne à la Commission son pouvoir d'exploitation du métro. Enfin, MM. Joxe et Drapeau dévoilent une plaque commémorative.

Vers 16 h 30, les 20 stations sont envahies par les Montréalais qui découvrent enfin leur métro. Du vendredi 14 au dimanche 16 octobre, plus d'un million de voyageurs enthousiastes font gratuitement l'essai de ce nouveau mode de transport. Impressionnée, la presse locale et étrangère louange le métro de Montréal pour le confort de

ses voitures sur pneus et pour l'architecture plaisante de ses stations.

La première journée normale d'exploitation du métro, le lundi 17 octobre, est assombrie par une panne d'une demi-heure entre les stations Place-d'Armes et Berri-De Montigny, gracieuseté d'un farceur ayant actionné un commutateur d'urgence. Délit un peu plus grave : le 19 octobre, un voleur est soupçonné d'avoir utilisé le métro pour échapper à ses poursuivants...

À l'élection du 23 octobre, sans grande surprise, l'administration Drapeau-Saulnier est reportée au pouvoir avec une écrasante majorité !

La station Berri-UQAM

Connue de 1966 à 1987 sous le nom de Berri-De Montigny, la station Berri-UQAM est la seule qui dessert trois lignes (jaune, orange et verte). C'est également celle qui compte le plus d'escaliers mécaniques (une trentaine) et qui est la plus achalandée (environ 13 millions d'entrées par an).

C'est là qu'est situé le comptoir des objets trouvés de la STM, qui recueille environ 20 000 objets perdus dans le métro et les bus chaque année. Il s'agit surtout d'objets usuels, comme des sacs ou des livres, mais le comptoir a déjà récupéré des poussettes (vides), des dentiers, des béquilles, et même une chaise roulante !

Au centre de la mezzanine se trouve une plaque circulaire de bronze, dévoilée lors de l'inauguration du métro. À l'origine, cette plaque est placée à la verticale sur un socle. Le vendredi 13 janvier 1967, elle est volée par des étudiants ! La plaque est récupérée, mais ne sera réinstallée pour de bon que le 14 octobre 1976, à l'occasion du 10e anniversaire du métro.

Pour faire place à la station, il a fallu démolir le bâtiment des Sœurs de la Providence. Beaucoup plus tard, on installe dans l'entrée de la rue Sainte-Catherine une statue de l'artiste Raoul Hunter représentant mère Émilie Gamelin, fondatrice de la communauté des Sœurs de la Providence. Ne manquez pas d'aller lui serrer la main !

Pourquoi De Montigny ? La Ville de Montréal profite de la construction de la ligne verte pour relier les rues De Montigny, Burnside et Saint-Luc en une seule artère, le boulevard De Maisonneuve. La station aurait donc dû s'appeler Berri-De Maisonneuve, mais puisque le nom Berri-De Montigny était déjà bien implanté, on l'a conservé...

9

LE MÉTRO
AU TEMPS D'EXPO 67

Après les stations Frontenac et Beaudry en décembre 1966, puis Square-Victoria et Bonaventure en février 1967, la ligne jaune est inaugurée le 31 mars 1967. Elle entre en service dès le lendemain, à l'exception de la station Île-Sainte-Hélène (aujourd'hui Jean-Drapeau), dont l'accès est réservé au personnel d'Expo 67 jusqu'à l'ouverture de l'événement, le 28 avril.

Du 28 avril au 29 octobre 1967, l'Exposition universelle accueille plus de 50 millions de visiteurs. La station Île-Sainte-Hélène attire à quelques reprises 45 000 passagers à l'heure, grâce à ses escaliers en entonnoir. À certains moments, il y a tellement de monde aux terminus de la ligne que les départs s'y font à partir des deux quais !

Le site de l'Expo étant réservé aux transports collectifs, les automobilistes doivent garer leur véhicule dans un des deux immenses terrains de stationnement aménagés à proximité du site, près du pont Victoria et à côté de la station de métro Longueuil. À partir de là, c'est le métro et l'Expo-Express qui prennent le relais.

L'Expo-Express est un métro de surface entièrement automatisé dont le tracé de 5,7 kilomètres relie tous les secteurs de l'Expo. Pour éviter d'effrayer certains voyageurs, on installe quelqu'un à l'avant de chaque train. Un jour, un de ces « opérateurs » a quitté sa loge de conduite pour récupérer son lunch oublié sur le quai… et a vu son train partir sans lui !

Si la ligne jaune du métro continue aujourd'hui de rendre de précieux services à la population, on ne peut en dire autant de l'Expo-Express. Stationnées de longues années sur le pont de la Concorde, ses voitures ont terminé leurs jours dans un champ près de Saint-Lazare…

***

La venue du métro apporte plusieurs changements aux trajets d'autobus. Pas moins de 71 trajets sont modifiés : 19 sont créés, 31 sont détournés et 21 sont carrément supprimés. Pour emprunter une image inspirée de la nature, les lignes d'autobus sont désormais des rivières qui viennent alimenter le grand fleuve du métro.

Par ailleurs, un nouveau système de perception automatisée, de conception française, est implanté. Des billets munis d'une bande magnétique pou-

vant être lue par les tourniquets du métro sont introduits. Deux nouveaux modèles de correspondances, un distribué dans les bus et un autre dans le métro, suivent bientôt. Plusieurs voyageurs s'amuseront à collectionner les correspondances de toutes les stations...

À l'ouverture du métro, le tarif régulier est de 18 cents par passage et le tarif écolier, de 8 cents. Les citoyens du troisième âge n'ont pas encore droit au tarif réduit, privilège qui ne leur sera accordé qu'en 1974. Quelques mois après l'ouverture, le tarif régulier passe à 25 cents, une augmentation de 39 % qui soulève la grogne chez les voyageurs !

Malgré quelques ennuis techniques fort compréhensibles, le nouveau système de perception automatisé est un succès, tant et si bien que Paris l'adopte pour son réseau dans les années suivantes. C'est la fin des célèbres poinçonneurs du métro parisien.

En fait, le nouveau système de perception automatisée de 1966 est utilisé durant plus de 40 ans à Montréal. Il est remplacé en 2008 par un nouveau système utilisant la carte à puce. C'est le 31 août 2009 que les distributrices du métro émettent leurs dernières correspondances. On n'arrête pas le progrès !

Il fait chaud dans le métro!

Comme mentionné plus tôt, les premières voitures du métro de Montréal sont conçues avec l'étroite collaboration d'ingénieurs du métro de Paris. Possiblement impressionnés par les rudes hivers québécois, ces ingénieurs insistent pour que les voitures soient équipées d'un système de chauffage. Mesure inutile...

Dégageant plus de chaleur que prévu et dotées d'une ventilation inadéquate, les voitures deviennent de véritables saunas: à l'été 1967, les températures dans le métro dépassent régulièrement les 35 degrés Celsius. Le 23 juillet, un opérateur perd connaissance à cause de la chaleur, et son train frappe le mur au bout du tunnel de la ligne jaune!

Immédiatement, les ingénieurs du métro se mettent au travail afin d'éviter qu'une telle vague de chaleur ne se reproduise à l'été 1968. On ajoute l'air climatisé dans les loges de conduite des voitures, on installe de nouveaux ventilateurs plus puissants et on remplace plusieurs vitres par des grillages. En tunnel, on ajoute des puits auxiliaires de ventilation.

Par la suite, des puits de ventilation naturelle sont aménagés dans toutes les stations des prolongements, ce qui ajoute au confort des voyageurs. Malgré toutes ces mesures, il est vrai qu'il fait encore relativement chaud dans les stations du réseau initial, surtout l'hiver alors que certains puits de ventilation sont fermés.

Le matériel roulant pourrait être tout climatisé, mais dans un réseau entièrement souterrain comme celui de Montréal, cela ne ferait que pomper la chaleur dans les stations. C'est pourquoi la STM a préféré s'assurer que les nouvelles voitures Azur bénéficient d'une ventilation beaucoup plus efficace, et qu'elles dégagent moins de chaleur à l'accélération et au freinage que les anciennes voitures.

10

L'ART DANS LE MÉTRO

À l'origine, il y a peu d'œuvres d'art dans les stations de métro. Il n'y a que les cercles de céramique de Jean-Paul Mousseau à la station Peel, les bandes d'aluminium texturé de Charles Daudelin à la station Mont-Royal et les murales de céramique de Claude Vermette dans quelques stations. Il s'agit là d'initiatives de certains architectes, car le budget initial ne prévoyait pas l'ajout d'œuvres d'art dans les stations.

Pour pallier la situation, la Ville de Montréal demande à des entreprises et à des organismes de financer la réalisation d'œuvres d'art. Le marchand d'art Marcel Goethals est chargé de trouver ces mécènes. Le choix des artistes revient à un ami du maire Drapeau, l'artiste et caricaturiste Robert LaPalme. Celui-ci développe une série de thèmes avec, pour canevas, la petite et la grande histoire de Montréal.

C'est ainsi que le 20 décembre 1967, une première œuvre de la « galerie d'art du métro » est dévoilée sur la mezzanine de la station Place-des-Arts. Il s'agit d'une magnifique verrière de l'artiste

Frédéric Back, intitulée *Histoire de la musique à Montréal*, offerte par les supermarchés Steinberg à l'occasion de leur 50e anniversaire.

Dans les mois et les années qui suivent, d'autres œuvres sont dévoilées dans le métro, notamment aux stations Crémazie (murale de Georges Lauda, Paul Pannier et Gérard Cordeau), Papineau (murales de Jean Cartier et Georges Juhasz), Berri-De Montigny (verrière de Pierre Gaboriau et Pierre Osterrath), Sherbrooke (mosaïque de Gabriel Bastien et Andrea Vau) et McGill (verrières de Nicolas Sollogoub).

Mais on manque de mécènes, et certains artistes refusent de travailler avec Robert LaPalme. Ce dernier tient à ce que les œuvres soient figuratives, c'est-à-dire qu'elles représentent des formes réelles. Certains artistes s'y opposent. Ils préconisent plutôt un style abstrait, qui ne représente pas la réalité et qui utilise la matière, la ligne et la couleur pour elles-mêmes. Un bon exemple d'une œuvre de ce style : la verrière de Marcelle Ferron à la station Champ-de-Mars.

Pour les prolongements, le Bureau de transport métropolitain (BTM) réalise enfin le rêve de l'architecte Pierre Bourgeau et réserve un pourcentage du budget de chaque station à la réalisation d'une œuvre d'art, souvent de nature abstraite. On doit cette mesure au nouvel architecte en chef Jean Dumontier, qui avait lui-même intégré des murales aux stations Île-Sainte-Hélène (Jean-Drapeau) et Longueuil.

Aujourd'hui, la *Politique d'intégration des arts à l'architecture* du gouvernement du Québec oblige les organismes publics à réserver un certain pourcentage du budget de chaque bâtiment à l'ajout d'une ou de plusieurs œuvres d'art.

On compte aujourd'hui près de 90 projets artistiques répartis dans les 68 stations du réseau. Récemment, la STM a entrepris d'identifier toutes ces œuvres qui font la fierté du métro.

Mais ce n'est pas tout d'ajouter des œuvres d'art et de les identifier ; il faut aussi les nettoyer et les restaurer lorsque le poids des ans se fait sentir. C'est pourquoi la STM fait régulièrement appel aux spécialistes du Centre de conservation du Québec (CCQ) pour effectuer cette délicate tâche.

D'un continent à l'autre

Au début des années 2000, dans le cadre de la création du Quartier international de Montréal, la RATP restaure l'entourage Guimard de la station Square-Victoria–OACI. En échange, la STM s'engage à lui faire don d'une nouvelle œuvre d'art. C'est ainsi qu'en 2011, à l'occasion du 150ᵉ anniversaire du transport collectif à Montréal, une mosaïque de l'artiste Geneviève Cadieux, La voix lactée, est dévoilée à la station Saint-Lazare, à Paris.

Devant le succès de ce premier échange culturel, la STM en entreprend un second, cette fois avec le métro de Bruxelles. Pourquoi la capitale de la Belgique ? Pour célébrer les 50 ans du métro de Montréal et les 40 ans du métro de Bruxelles, à l'automne 2016. Ainsi, l'artiste montréalais Patrick Bernatchez est sélectionné pour réaliser une œuvre qui sera offerte à la station Trône à Bruxelles, tandis que l'artiste bruxellois Adrien Lucca est choisi pour embellir de l'une de ses créations la station Place-d'Armes à Montréal.

UNE TEMPÊTE ET DEUX INCENDIES

C'est au début du mois de mars 1971 que survient à Montréal la « tempête du siècle ». Il neige et vente tellement qu'à certains endroits, les accumulations de neige atteignent le toit des maisons ! Dans les rues, tous les véhicules sont immobilisés, même les autobus de la Commission de transport. Le seul moyen de se déplacer, c'est en motoneige... ou en métro.

Devant le caractère exceptionnel de la situation, les responsables du métro décident de le laisser ouvert toute la nuit du 3 au 4 mars. La population peut donc s'y engouffrer pour se rendre à la maison, ou encore pour se réchauffer un peu. La tempête cesse finalement, et on peut commencer à déblayer les rues.

C'est la première fois que le métro demeure ouvert toute la nuit. On répète l'expérience dans la nuit du 31 décembre 1999 au 1er janvier 2000 : c'est le passage à l'an 2000, tout le monde veut fêter, et il est clair que le réseau d'autobus de nuit ne pourra suffire à la demande. Par la suite, le métro restera ouvert durant la Nuit blanche à Montréal, un événement annuel créé en 2003 dans la foulée du festival Montréal en lumière.

Le métro ouvert 24 heures sur 24, pourquoi pas ?

Pourquoi ne pas laisser le métro ouvert toutes les nuits, ou à tout le moins celles du week-end ? Parce que la nuit, même s'il est fermé, le métro ne dort pas ! Des équipes s'activent dans tout le réseau pour effectuer des essais, réparer des équipements, remplacer des rails ou des pistes de roulement, et bien d'autres choses encore.

C'est quelque chose que de voir ces trains de travaux passer dans les tunnels la nuit. Contrairement aux trains de passagers, sur pneus, ces trains alimentés au diesel sont sur roues d'acier et font un vacarme assourdissant !

Retournons en 1971, où un autre événement exceptionnel, tragique cette fois, se produit. Le jeudi 9 décembre, vers 21 h 45, le train piloté par l'opérateur Gérard Maccarone termine son parcours à la station Henri-Bourassa. Au moment d'effectuer sa manœuvre de retournement en arrière-gare, le train accélère brusquement et emboutit un autre train garé plus loin. Sous le choc, un arc électrique se forme et déclenche un incendie.

Des employés se précipitent sur les lieux et tentent de dégager l'opérateur coincé dans sa cabine. Une panne de courant causée par la voiture déraillée les empêche de s'approcher de l'incendie, qui se propage aux pneus et dégage une épaisse fumée noire. Ils sont forcés d'abandonner l'opérateur à son triste sort.

Les pompiers accourent, mais la grande profondeur de la station Henri-Bourassa complique les choses. L'un d'eux parvient à se rendre dans le tunnel, mais en voulant revenir sur ses pas dans l'épaisse fumée, il rate le quai de la station et termine sa course à la station Sauvé ! Incapables de se rendre sur les lieux de l'incendie, les pompiers n'ont d'autre choix que d'inonder le tunnel à partir d'un puits de ventilation.

Triste bilan : l'opérateur Maccarone est mort, et 24 des 36 voitures qui se trouvaient dans l'arrière-gare sont une perte totale. L'incendie a été tellement violent que le béton du tunnel a fondu à certains endroits.

À la suite de cet accident, on décide de ne plus garer de trains à cet endroit durant les heures où le métro est en service. On décide également que les futurs terminus du réseau devront être moins profonds. Enfin, on ajoute un accès à la station Henri-Bourassa, ouvert en 1980 à l'angle de la rue Berri.

***

Malheureusement, le 23 janvier 1974, le métro est le théâtre d'un autre incident grave. Vers 7 h 40, une explosion retentit sous un train entre les stations Jean-Talon et Beaubien. Le train s'arrête plus longuement que d'habitude, puis repart. Une seconde explosion survient entre les stations Beaubien et Rosemont, suivie d'un autre arrêt plus long que la normale. Le train n'est pas évacué et repart...

Une troisième explosion secoue le train entre les stations Rosemont et Laurier. Cette fois, le train s'arrête brusquement ; des flammes s'échappent de l'avant. C'est un pneu porteur défectueux qui a explosé, provoquant l'incendie. La fumée envahit le tunnel, et les centaines de passagers dans le train sont pris de panique.

Tout le monde est évacué et personne n'est blessé, mais le train est une perte totale. À partir de ce moment, la population a peur de reprendre le métro. La commission d'enquête présidée par le juge Roger LaGarde émet 74 recommandations destinées aux responsables du métro.

L'une de celles-ci est l'ajout de points d'eau en tunnel tous les 150 mètres. Pour limiter les bris de conduite d'eau en tunnel, on a recours à une solution ingénieuse : la plupart des conduites ne sont pas reliées au système d'aqueduc et se terminent en surface par des bornes-fontaines peintes en bleu. Il suffit de connecter une borne ordinaire (rouge) à une borne du métro (bleue) pour que l'eau se rende dans le tunnel !

Une autre recommandation concerne la vérification de l'état des pneus, qui s'effectuait de façon visuelle. On installe à divers endroits dans le réseau des pédales qui permettent de constater si un pneu a tendance à se dégonfler, ce qui mène au retrait du train.

12

OÙ PROLONGER LE MÉTRO ?

Au début des années 1970, soit quelques années après l'ouverture du réseau initial, les responsables du métro sont prêts à le prolonger. La situation est toutefois bien différente. Dans les années 1960, la Ville de Montréal contrôlait tout le processus. Cette fois, de nouveaux intervenants ont aussi leur mot à dire.

Créée le 1er janvier 1970, la Communauté urbaine de Montréal (CUM) a pour but d'unifier divers services pour l'ensemble des municipalités de l'île de Montréal. Cela inclut le transport collectif, y compris les prolongements du métro. Ceux-ci ne pourront se limiter au seul territoire de la Ville de Montréal : il faudra penser aux autres villes de la CUM comme Verdun, Saint-Laurent, Outremont, Mont-Royal, etc.

Le tracé du réseau initial n'avait rien de bien compliqué : au fond, on a suivi les mêmes grands axes proposés dans les précédents projets de métro, ou à peu près. Pour les prolongements, c'est différent. Où aller d'abord? À l'est? Au sud-ouest? Au nord-ouest?

Le BTM propose une série de prolongements. En premier lieu, il y a la ligne verte à l'est de la station Frontenac, puis au sud-ouest de la station Atwater. Viennent ensuite la ligne orange au nord-ouest de la station Bonaventure et de nouvelles lignes dans Montréal-Nord et au nord du mont Royal. On projette aussi des prolongements vers LaSalle, Lachine et Rivière-des-Prairies.

Rapidement, la ligne prévue au nord du mont Royal, aussi appelée transversale car elle relie les deux branches de la ligne orange, devient primordiale car elle a l'avantage d'offrir plus de souplesse au réseau. Cette ligne est jumelée à la ligne vers Montréal-Nord pour former l'éventuelle ligne 5, ou ligne bleue.

Le gouvernement du Québec est sollicité pour financer en partie les travaux, mais les négociations prennent du temps. Beaucoup plus tard, le directeur du BTM, Gérard Gascon, regrettera ce délai : « En commençant les travaux en 1967 ou en 1968, nous aurions peut-être complété le réseau avant que l'inflation et les dépassements de coûts de la Baie James et du Parc olympique ne se mettent de la partie. »

Le 14 octobre 1971, cinq ans jour pour jour après l'inauguration du réseau initial, le coup d'envoi des prolongements est donné sur le site du futur terminus Honoré-Beaugrand. Pas moins de 46 kilomètres de tunnels et 53 stations doivent être complétés d'ici 1978, pour un coût total de 430 millions de dollars, soit 1 cent la pelletée de terre. C'est pourquoi une minuscule pelle est remise en guise de souvenir aux dignitaires présents.

La construction des prolongements permet au BTM d'apporter certaines améliorations. Par exemple, dans les tunnels, les câbles sont intégrés dans un petit trottoir, appelé piédroit. C'est le meilleur moyen de savoir si on se trouve dans un tunnel du réseau initial ou dans un tunnel de prolongement!

Une autre nouveauté : les stations à quais superposés. Dans ces stations, les deux voies d'un même tunnel sont placées l'une au-dessus de l'autre au lieu d'être côte à côte. Deux raisons peuvent motiver ce choix : les contraintes du sol, ou la volonté de faciliter le passage des voyageurs d'une ligne à une autre, comme à la station Lionel-Groulx.

Dans cette station de correspondance, la majorité des voyageurs n'ont que quelques pas à franchir pour changer de ligne. Toutefois, les portes des voitures s'ouvrent du côté opposé (à gauche) sur deux des quatre quais ; cette manœuvre se fait automatiquement à l'aide de balises situées près des rails. Certains se sont longtemps opposés à cette solution, de peur que les portes s'ouvrent du mauvais côté...

Aux stations Charlevoix et De l'Église, la piètre qualité du sol force les architectes à modifier leurs plans et à dessiner des stations à quais superposés. Le tunnel ainsi obtenu est plus étroit, ce qui diminue la charge qu'il doit supporter.

L'événement à l'origine de cette décision : l'effondrement du 20 mars 1974, survenu à la station De l'Église. Par miracle, personne n'est blessé, mais la rue Wellington est bloquée de longs mois par un immense cratère. La station devient une station à quais superposés, avec une particularité étonnante : sur les deux quais, les voitures ouvrent leurs portes du côté gauche au lieu du côté droit !

Une nouveauté : le hacheur de courant

Bien entendu, il faut de nouvelles voitures pour desservir les prolongements. Depuis la fabrication des MR-63, plusieurs innovations ont vu le jour, notamment en matière d'électronique. C'est pourquoi le BTM s'intéresse à un nouveau dispositif pour équiper ses voitures MR-73 (ou matériel roulant de 1973) : le hacheur de courant.

Les moteurs des voitures de métro n'ont pas toujours besoin de toute la puissance offerte par les barres de guidage. Celles-ci ont une tension fixe de 750 volts, mais la tension requise pour les moteurs au démarrage est inférieure à 100 volts. Pour éviter les surcharges, il faut donc limiter le courant de démarrage des moteurs de traction.

Dans les voitures MR-63, ce travail est effectué par un rhéostat de démarrage et de freinage, aussi appelé « système à cames ». C'est un appareil électromécanique qui insère des résistances au démarrage et qui les enlève au fur et à mesure que le train accélère. Ce système requiert un entretien fréquent et, surtout, dégage beaucoup de chaleur.

Le hacheur de courant est en quelque sorte un rhéostat électronique. Au lieu de résistances, il utilise des thyristors, c'est-à-dire des interrupteurs qui s'allument et s'éteignent pour varier l'intensité du courant. Et il dégage moins de chaleur. C'est lui qui émet

> *les trois notes qu'on entend au démarrage des voitures MR-73 : dou-dou-dou !*
>
> *Avant d'être implantée sur les voitures MR-73, la technologie du hacheur de courant est testée sur deux trains MR-63. Les firmes Hitachi et Jeumont-Schneider fournissent des hacheurs de courant, et on retient ceux de cette dernière pour les implanter sur les nouvelles voitures. Toutefois, on décide de laisser les hacheurs de Jeumont sur les quelques voitures MR-63 sur lesquelles on les a testés. C'est pourquoi elles font aussi dou-dou-dou.*

***

Lorsque le BTM lance un appel d'offres pour la fabrication de 423 nouvelles voitures de métro de type MR-73, trois fabricants sont sur les rangs : la Canadian Vickers, qui a construit les MR-63, la Montreal Locomotive Works (MLW) et Bombardier, le célèbre fabricant de motoneiges. La firme fondée en 1942 par Joseph-Armand Bombardier a déjà construit des véhicules militaires et de l'équipement pour l'industrie forestière, mais jamais de trains.

Lorsque les soumissions des trois fabricants sont dévoilées, c'est celle de la Vickers qui est la plus abordable. Mais surprise! Elle est jugée non conforme en raison de l'attelage des trains, qui est de marque Wabco et non de marque Scharfenberg. C'est donc la deuxième soumission la plus basse, celle de Bombardier, qui est retenue. La Vickers conteste cette décision, en vain.

L'ancienne usine de motoneiges Moto-Ski à La Pocatière est aussitôt transformée pour fabriquer les nouvelles voitures. Bombardier s'allie elle aussi à la compagnie française CIMT-Lorraine (aujourd'hui Alstom) pour la technologie du métro sur pneus, tandis que le matériel de traction est fourni par Canron. Une longue grève à l'usine de La Pocatière ralentit la production des voitures, mais Bombardier remplit son contrat et en obtient plusieurs autres par la suite. Un géant mondial du matériel de transport collectif est né!

Les nouvelles voitures MR-73 ont fière allure avec leur aménagement intérieur rouge-orangé (qui plaît sûrement au maire Drapeau!). Les sièges sont recouverts de tissu multicolore, et de superbes panoramas de Montréal, dessinés par Michel Beaudet, sont collés sur les cloisons des loges de conduite. Malheureusement, ces panoramas sont rapidement décollés par de petits plaisantins...

***

Les premières stations des prolongements, de Préfontaine à Honoré-Beaugrand, sont ouvertes au public le 6 juin 1976. Elles sont inaugurées officiellement le 4 juillet en présence du premier ministre du Québec, Robert Bourassa.

Le métro est donc fin prêt pour accueillir les Jeux olympiques, qui se tiennent du 17 juillet au 1er août. Puisque les voitures MR-73 ne sont pas encore prêtes, on utilise toutes les voitures MR-63 disponibles. L'ancien record de 701 310 déplacements en une journée, établi durant l'Expo 67, est battu à trois reprises et s'élève désormais à 747 083 déplacements. Mission accomplie!

Mais l'atmosphère n'est pas à la fête au BTM. Le 19 juin précédent, le gouvernement du Québec a imposé un moratoire sur tous les prolongements, remettant à plus tard les travaux qui étaient prévus. C'est qu'en cette période d'inflation galopante, le coût estimé des travaux est passé de 430 millions à 665 millions, puis à 1,6 milliard de dollars.

Au même moment, des planificateurs du ministère des Transports du Québec (MTQ) développent des projets de métro de surface pour la région de Montréal. Rapidement, le MTQ et le BTM s'affrontent sur la place publique.

Déjà bien avancé, le prolongement vers le sud-ouest (stations Lionel-Groulx à Angrignon) est inauguré le 3 septembre 1978. Pour la ligne orange, c'est plus compliqué : Québec ne lève son moratoire que quelques stations à la fois. C'est ainsi que la ligne est prolongée par étapes jusqu'aux stations Place-Saint-Henri (1980), Snowdon (1981), Côte-Sainte-Catherine et Plamondon (1982), du Collège (1984) et finalement Côte-Vertu (1986).

13

DE NOUVEAUX PROGRÈS

La carte mensuelle, anciennement connue sous le nom de CAM (Carte Autobus-Métro), voit le jour en avril 1980. Auparavant, il fallait constamment acheter des carnets de billets et limiter ses déplacements. Désormais, tout cela est chose du passé !

Rendue possible par une subvention du gouvernement du Québec, l'arrivée de la carte mensuelle représente un tournant dans l'histoire du transport collectif à Montréal. Avec un nombre illimité de déplacements, un prix mensuel régulier de 16 $ et un prix réduit de 7 $ accordé aux personnes

âgées et aux écoliers, elle obtient un succès immédiat.

Grâce à l'arrivée de la carte mensuelle, l'achalandage dans les autobus et le métro fait un bond de géant en 1980, avec une augmentation de 40 millions de déplacements, dont la moitié effectués par de nouveaux clients. En neuf mois, plus de deux millions de cartes mensuelles sont vendues, ce qui en fait le titre le plus populaire auprès de la clientèle.

En 1988, l'ajout de la bande magnétique et l'abandon de la carte d'identité pour le tarif régulier, jumelés à l'installation de lecteurs à la volée dans toutes les stations, permettent d'accélérer le passage aux tourniquets. Par la suite, de nouveaux titres de transport font leur apparition aux côtés de la carte mensuelle, soit la carte régionale (en 1990), la carte touristique (1994) et la CAM hebdo (1998).

L'arrivée de la carte OPUS, en 2008, annonce un virage pour la carte mensuelle. La technologie de la carte à puce permet de contenir sur un même support des titres différents.

***

Les progrès du métro ne s'effectuent pas uniquement sur le plan technologique. Ils reflètent aussi les changements qui se produisent dans la société montréalaise. Il faut attendre 1977 avant qu'une femme, Francine Maltais, accède au poste de chauffeur d'autobus à la Commission de transport. Qui sera la première à opérer une rame de métro?

Embauchée en 1980, Lisette Renaud est l'une des 12 femmes occupant alors le poste de chauffeur à la Commission. Un jour, elle apprend que le métro est à la recherche de nouveaux opérateurs. Intéressée, elle tente sa chance. Sa demande est acceptée, et elle passe avec succès le même entraînement et le même examen que ses confrères masculins! Au printemps de 1981, elle écrit une page d'histoire en devenant la première femme à opérer une rame de métro.

Elle est nerveuse aux commandes, mais elle est en contact direct avec le Centre de contrôle. Ses collègues de travail l'encouragent et font preuve d'une grande gentillesse envers elle. En ce qui concerne le travail en lui-même, tout va bien.

Sur les quais, par contre, c'est plus difficile. Certains usagers, hommes ou femmes, se frottent les yeux pour être bien certains qu'ils ont vu une femme aux commandes du train! Ils reculent de quelques pas, voient les autres voyageurs monter à bord du train, et regardent à nouveau Lisette Renaud. La plupart finissent par monter eux aussi, mais il y a des irréductibles qui préfèrent attendre le prochain train.

Évidemment, pareille scène ne se produirait jamais aujourd'hui! Le courage de Francine Maltais, de Lisette Renaud et de plusieurs autres femmes dont Louise Roy, première présidente-directrice générale de l'entreprise à compter de 1985, a permis de briser bien des tabous. Aujourd'hui, les femmes forment plus du quart du personnel de la STM et sont présentes dans tous les secteurs de l'entreprise.

À la fin des années 1970, quelques musiciens commencent à s'installer dans les corridors du métro pour donner de petits concerts à l'intention des passants. Ces musiciens sont rapidement chassés par les agents de sécurité du métro, mais ils ne lâchent pas prise. Formant une association en 1983, ils défient l'interdiction.

Chez les voyageurs, les avis sont partagés : certains apprécient cette forme d'animation, mais d'autres craignent pour leur sécurité. De plus en plus tolérés, les musiciens reçoivent enfin au milieu des années 1980 l'autorisation de jouer dans le métro, mais seulement aux endroits identifiés par une lyre… comme celle d'Assurancetourix dans la bande dessinée *Astérix* !

La même chose se produit avec les cyclistes dans le métro. Durant les années 1970, l'usage de la bicyclette connaît un essor au Québec, particulièrement en ville où elle représente une solution de rechange peu coûteuse et non polluante à l'automobile. Mais les cyclistes se voient refuser l'accès au métro avec leur bicyclette.

En 1978, la Commission installe, à proximité de quelques stations, des abris à vélos de type « parasol » où les bicyclettes doivent être garées en position verticale. Trop compliqués, ces abris sont peu utilisés par les cyclistes qui revendiquent plutôt le droit de transporter leur vélo dans le métro. Finalement, à partir de l'été 1982, les vélos sont admis dans le métro à certaines heures, dans la première voiture de chaque train.

Le pilotage automatique

Dans la nuit du 10 au 11 juin 1975, un train équipé du pilotage automatique circule pour la première fois dans le métro de Montréal. Toute la nuit, ce train fonctionne en mode automatique, c'est-à-dire en respectant de lui-même les consignes de vitesse, en réalisant des arrêts programmés de précision en station et en effectuant automatiquement des manœuvres de changement de voie en arrière-gare.

Jugée concluante, cette expérience permet la mise en service graduelle du pilotage automatique à travers le réseau. Avant l'arrivée du pilotage automatique, les trains étaient conduits manuellement par deux opérateurs : celui à l'avant conduisait le train, tandis que celui à l'arrière se chargeait de la fermeture des portes.

Pourquoi le pilotage automatique ? Pour plus de sécurité, mais aussi pour passer à la conduite à un seul opérateur. À partir de 1986, celle-ci s'étend dans l'ensemble du réseau, à l'exception de la ligne jaune où l'on trouve toujours deux opérateurs par train. Sur cette ligne très courte aux pentes fort prononcées, c'est encore la conduite manuelle qui prévaut.

Avec le pilotage automatique, les portes des voitures s'ouvrent toutes seules en station mais sont fermées par l'opérateur. Au départ du train, il n'a qu'à appuyer sur un bouton durant quelques secondes et le pilotage automatique prend le relais jusqu'au prochain arrêt. Mais attention ! Durant tout ce temps, l'opérateur garde l'œil ouvert et peut passer en conduite manuelle à tout moment, avec l'autorisation du Centre de contrôle.

Le métro de Montréal pourrait-il être entièrement automatisé ? Possiblement, mais des sommes considérables devraient d'abord être investies pour équiper les stations de portes palières ou de tout autre dispositif empêchant la présence d'objets sur la voie.

14

LA VISITE DU PAPE

Le mardi 11 septembre 1984, Montréal est en liesse puisqu'elle accueille pour la première fois le chef de l'Église catholique, le pape Jean-Paul II. Plusieurs événements sont au programme, dont une grande messe en plein air au parc Jarry, une rencontre avec des jeunes au Stade olympique, et, d'un lieu à l'autre, le défilé en « papemobile », véhicule vitré qui permet à tous les spectateurs de bien voir le pape !

Dans les bureaux de la Commission de transport, c'est le branle-bas de combat. On attend 300 000 personnes au parc Jarry et 60 000 au Stade olympique, sans oublier les centaines de milliers d'utilisateurs réguliers du métro. Au total, deux millions de déplacements sont attendus dans les autobus et le métro, soit le double de l'affluence normale !

Puisque de nombreuses personnes viendront de l'extérieur pour emprunter les autobus et le métro, et que d'autres s'en serviront pour une rare fois, la Commission met en vente pour 2 $ un laissez-passer spécial, valide uniquement le 11 septembre.

Le jour J arrive enfin. Il pleut, mais cela ne tempère pas l'enthousiasme des pèlerins qui se rendent en masse au parc Jarry. Dans le métro, une signalisation spéciale indique aux voyageurs où aller. À la station Jean-Talon, on leur permet d'emprunter des corridors de la ligne bleue, qui ne sera ouverte au public que deux ans plus tard !

À la fin de la journée, les employés de la Commission peuvent enfin respirer. Il y a eu de longues files d'attente, bien entendu, mais tout s'est bien passé. Alors, combien de déplacements dans le métro ce 11 septembre 1984 ? Malheureusement, on l'ignore avec précision. Peut-être 1,3 million ? Le record de tous les temps, c'est certain !

La ligne bleue

La ligne bleue est la plus récente des quatre lignes du métro de Montréal, mais aussi la moins connue car elle ne dessert pas le centre-ville. C'est dommage, car on y trouve certaines des plus belles stations du réseau : les stations Outremont, Acadie et Parc valent particulièrement le détour.

Débutés en 1975 entre les stations Snowdon et Côte-des-Neiges, les travaux sur la ligne sont stoppés en 1976 par le gouvernement du Québec, qui demande à revoir l'ensemble du projet. Québec remet en question le tracé à l'est de la station Saint-Michel et propose de prolonger la ligne à Anjou plutôt qu'à Montréal-Nord.

La première section de la ligne bleue, entre les stations De Castelnau et Saint-Michel, est finalement ouverte le 16 juin 1986. Pas pour longtemps, cependant : le service est interrompu après seulement 18 minutes, car le principe de la conduite à un seul opérateur est remis en question par le syndicat. Le service reprend pour de bon deux jours plus tard, à la satisfaction des voyageurs.

Ces derniers doivent toutefois s'habituer aux rames de trois voitures et aux heures d'ouverture réduites, de 5 h 30 à 19 h du lundi au vendredi.

Le 15 juin 1987, c'est au tour de la station Parc d'ouvrir ses portes. Les autres stations de la ligne entrent en service le 4 janvier 1988, à l'exception de la station Acadie, qui accueille ses premiers clients le 28 mars suivant. La ligne est désormais ouverte sept jours sur sept, de 5 h 30 à 23 h. Il en est ainsi jusqu'en 2002; la STM prolonge alors le service jusqu'à 00 h 15.

La station Jean-Talon est la moins pratique des quatre stations de correspondance du réseau, mais cela s'explique facilement: cette station n'avait pas été conçue pour jouer ce rôle. Il a fallu beaucoup d'imagination au BTM pour concevoir et construire cette station sans fermer la ligne orange.

Du côté de la station Snowdon, le résultat est plus satisfaisant, mais on n'a pas réussi à égaler l'expérience de la station Lionel-Groulx. C'est que la station Snowdon a été plus difficile à construire: on n'a pu démolir qu'un seul bâtiment en surface, ce qui a forcé la construction de trois tunnels parallèles dans le roc. L'ennui, c'est que la station a été conçue en fonction d'un éventuel prolongement de la ligne bleue vers l'ouest. C'est pourquoi la majorité des voyageurs doivent monter ou descendre un étage pour changer de ligne.

15

UN RÉSEAU À ENTRETENIR

Les voitures de métro coûtent cher, mais avec un entretien constant, elles peuvent rouler durant des dizaines d'années et accumuler des millions de kilomètres au compteur. Surtout si, après 25 ou 30 ans, on les rénove au complet...

C'est ainsi que les 336 voitures MR-63 sont rénovées aux ateliers du CN à Pointe-Saint-Charles, ateliers qui prennent plus tard le nom d'AMF. De 1991 à 1994, chaque voiture MR-63 est transportée par camion-remorque des ateliers d'Youville à ceux de Pointe-Saint-Charles, pour une rénovation bien méritée.

L'ancien plancher, constitué de lattes qui avaient tendance à se décoller, est remplacé par un plancher uni comme celui des voitures MR-73. Les sièges, auparavant en cuirette et souvent déchirés, sont remplacés par des bancs en fibre de verre. La ligne blanche à l'avant du train, les luminaires à l'intérieur et les espaces publicitaires deviennent identiques à ceux des MR-73, mais l'intérieur reste gris-blanc.

Au milieu des années 2000, c'est au tour des voitures MR-73 de subir une cure de jouvence. Cette fois, ce sont les employés de la STM qui effectuent les travaux aux ateliers d'Youville. Là encore, il y a des changements : l'intérieur rouge-orangé devient brun-orangé et bleu foncé, on retire un siège dans chaque rangée et on installe de nouvelles barres d'appui, dont les fameux tripodes (poteaux triples).

Bien que rénovées au début des années 1990, les voitures MR-63 ne peuvent rouler éternellement. Aussi est-il décidé au milieu des années 2000 de les remplacer par un nouveau matériel roulant. Toutefois, les délais dans la livraison du nouveau matériel entraînent également dans les MR-63 l'ajout de tripodes et le retrait de sièges, pour augmenter la capacité des voitures.

***

Si les voitures de métro doivent durer longtemps, imaginez les stations de métro! On a beau les construire solidement, avec des matériaux durables comme le béton, le granit et le marbre, il vient toujours un temps où des rénovations sont nécessaires.

Un vaste programme de rénovation des tunnels est entrepris dans les années 1990. Ensuite, c'est au tour des stations du réseau initial d'être rénovées entre 1997 et 2000, avec le programme Réno-stations. On en profite pour remplacer ou solidifier les édicules « temporaires » d'origine, qui devaient en théorie durer seulement quelques années en attendant la construction d'un immeuble au-dessus de la station...

À compter de 2003, les équipements fixes sont revus avec le programme Réno-systèmes : alimentation électrique, ventilation, pompes, vidéosurveillance, radiocommunication, voie, contrôle des trains, etc. Le Centre de contrôle du métro est remplacé par un tout nouveau bâtiment à la fine pointe de la technologie.

Regroupés sous le vocable Réno-métro, les programmes Réno-stations et Réno-systèmes se poursuivent toujours. Plusieurs stations, dont Berri-UQAM, sont entièrement rénovées. C'est d'autant plus compliqué qu'ici, toutes les stations sont différentes ! Aussi, de grands efforts sont déployés pour remplacer la toiture des stations Préfontaine et Angrignon, deux chefs-d'œuvre architecturaux.

Le grand défi reste l'accessibilité des stations. Lorsque le métro a été planifié dans les années 1960 et 1970, l'obligation d'ajouter des ascenseurs dans les stations pour les voyageurs à mobilité réduite n'existait pas. Mais les lois ont changé. Lorsque le métro a été prolongé à Laval, des ascenseurs ont été aménagés dans les nouvelles stations. Il faut maintenant en installer dans tout le réseau, ce qui sera long et coûteux.

16

CAP SUR LAVAL

Malgré d'interminables débats et d'innombrables promesses, aucune nouvelle station de métro n'est construite dans les années 1990. Le gouvernement du Québec lève graduellement son moratoire de 1976 sur les prolongements du métro, mais seulement 39 nouvelles stations ont été construites, alors que le plan de 1971 en prévoyait 53. Or, plus on attend pour construire, plus ça coûte cher...

À la fin des années 1990, l'ancien projet de prolonger la ligne orange vers Laval refait surface. Il avait été question dès les années 1960 de prolonger le tunnel au nord de la station Henri-Bourassa jusqu'à Pont-Viau, mais le projet avait échoué.

Le maire de Laval, Gilles Vaillancourt, sait se montrer convaincant, et Québec accepte de prolonger la ligne orange jusqu'au cégep Montmorency.

Les travaux débutent en 2002, mais soulèvent bientôt la controverse : le budget avancé, 179 millions de dollars, est complètement irréaliste. Il faut finalement plus de 800 millions de dollars pour ajouter trois stations et construire une voie de contournement à la station Henri-Bourassa, essentielle pour assurer la fluidité des trains en pointe.

Malgré tout, le prolongement inauguré le 26 avril 2007 est un succès en ce qui a trait à l'achalandage, tellement que la ligne orange est rapidement saturée dans sa branche est. Certains croient qu'il aurait mieux valu prolonger l'autre branche à Laval, ce qui aurait permis de mieux équilibrer le réseau et de desservir le secteur de Cartierville.

***

Le prolongement du métro à Laval apporte un autre problème : que faire de l'école de prévention des incendies du métro, située au bout du tunnel au nord de la station Henri-Bourassa (lieu de l'incendie de 1971) et qui se trouve forcément dans l'axe du prolongement?

Cette école a été créée quelques années après l'incendie de 1974, avec trois voitures rescapées de ce sinistre. Quoi de mieux, pour former les employés du métro et des services de secours, que de recréer toutes les conditions d'incendie en tunnel en mettant régulièrement le feu à des voitures? Mais ce site ne convient plus.

Une nouvelle école est construite à même l'excavation de la rampe d'accès, aménagée dans le parc Jeanne-Sauvé, pour le forage de la voie de contournement de la station Henri-Bourassa. En mai 2006, trois vieilles voitures de métro (une de l'école précédente et deux de l'ancien train de cueillette) sont livrées par camion et descendues dans le tunnel par une grue; la structure souterraine est ensuite refermée.

Le 4 octobre 2007, le Centre de formation souterrain en prévention des incendies (CFSPI) est officiellement inauguré. On y trouve une reproduction fidèle d'une portion du métro comprenant 60 mètres de tunnel, avec tous les éléments spécifiques aux deux types d'infrastructure (réseau initial et réseau prolongé).

Au cours de leur formation, les centaines d'élèves qui fréquentent le Centre chaque année abordent les particularités des systèmes de communication en tunnel, les modes d'évacuation sécuritaires, de même que les méthodes d'approche et de contrôle d'un incendie. Ils font aussi l'apprentissage du déploiement et du maniement des boyaux, ainsi que de l'installation et de l'utilisation des échelles d'évacuation.

17

LES VOITURES AZUR

Au milieu des années 2000, la STM souhaite acquérir de nouvelles voitures de métro. Le gouvernement du Québec, qui finance une bonne partie du projet, ne cache pas sa préférence pour l'usine Bombardier de La Pocatière, qui a fabriqué les voitures MR-73. Tant et si bien qu'en mai 2006, Québec demande à la STM de négocier directement l'achat des nouvelles voitures avec Bombardier.

Mais le géant français Alstom, qui fabrique la plupart des voitures de métro sur pneus dans le monde, ne l'entend pas ainsi. Il exige un véritable appel d'offres. En janvier 2008, la Cour supérieure du Québec tranche en faveur d'Alstom. Les ennemis d'hier s'unissent pour former un consortium qui remporte le contrat fin 2009 : Alstom fabriquera les bogies à Sorel-Tracy, et Bombardier se chargera du reste.

Cependant, l'entreprise espagnole CAF, qui fabrique elle aussi des voitures de métro sur pneus, conteste l'entente et demande un nouvel appel d'offres international! Et pour ajouter à la confusion, le fabricant chinois Zhuzhou propose de fournir des voitures de métro sur roues d'acier, sans jamais parvenir à expliquer comment elles seront utilisées (les rails existants n'ont pas été conçus à cette fin).

La saga prend fin le 22 octobre 2010, lorsque la STM signe avec le consortium Bombardier-Alstom le contrat d'acquisition de 468 nouvelles voitures MPM-10 (matériel sur pneumatiques de Montréal de 2010). Une affaire de près de 2 milliards de dollars! Le public est appelé à baptiser les nouvelles voitures; elles s'appelleront Azur. C'est également le public qui choisit les couleurs des nouvelles voitures, elles aussi bleues avec une ligne blanche...

Dessinées par la firme Labbé Designers, les voitures Azur sont bien différentes des MR-63 et des MR-73. D'accord, le nouveau train roule encore à

72 km/h, mais il est de type boa, c'est-à-dire qu'il s'agit d'un grand serpent où il est possible de circuler d'un bout à l'autre.

Les trains MR-63 et MR-73 sont formés d'éléments de trois voitures où deux motrices (M) encadrent une remorque (R): M+R+M+M+R+M+M+R+M. Les trains Azur, quant à eux, forment un seul élément comportant des motrices au centre et une remorque à chaque extrémité: R+M+M+M+M+M+M+R.

Il y a d'autres grandes différences. Par exemple, les portes sont plus larges, mais passent de quatre à trois de chaque côté. Surtout, les nouvelles voitures sont conçues pour être plus fiables et pour pouvoir être réparées plus facilement. Les ateliers d'Youville sont d'ailleurs réaménagés en prévision de l'arrivée de ces nouvelles voitures, qui bénéficient également d'une ventilation et d'une suspension améliorées.

Le premier train Azur est mis en service le 7 février 2016. Des centaines de voyageurs attendent patiemment sur les quais pour faire partie du premier voyage, et ils ne sont pas déçus! Une nouvelle ère s'amorce pour le métro de Montréal.

ÉPILOGUE

QUEL AVENIR POUR LE MÉTRO?

Pas facile de prédire l'avenir du métro de Montréal! Bien entendu, on peut affirmer qu'il a encore de belles années devant lui. Puisque la population montréalaise ne cesse d'augmenter, et comme le développement durable est une priorité du gouvernement, on peut imaginer que le transport collectif continuera d'attirer de nouveaux adeptes au fil des ans. Toutefois, la capacité actuelle du métro est limitée, et des améliorations devront être apportées au réseau afin de limiter sa surcharge.

Est-ce que cela signifie encore plus de trains en service dans le métro? De nouvelles stations? Ou encore le retour du tramway?

Ce qui est certain, c'est que le voyageur voudra toujours en savoir plus sur l'état du service dans le réseau et sur les options qui lui sont offertes. Il n'est plus question, comme à l'ouverture en 1966, de s'en tenir à quelques plans de ligne ou du réseau (au départ, le nom des stations n'était même pas écrit à l'extérieur, ni sur les loges des changeurs!). Les écrans Métrovision et le réseau cellulaire dans le métro ne sont qu'un début.

Depuis son inauguration le 14 octobre 1966, le métro de Montréal a enregistré environ 10 milliards de déplacements. C'est plus que la population entière de la planète!

Imaginez ce que serait Montréal sans métro. D'abord, la circulation automobile serait insoutenable, ce qui nuirait grandement à la qualité de l'air. Ensuite, son centre-ville ne serait pas aussi développé, car la venue du métro a permis la construction de nombreux bâtiments. Enfin, de grands événements comme le Festival de Jazz, les FrancoFolies et la Nuit blanche n'auraient pas le même succès, car il serait impossible de transporter autant de festivaliers en même temps. Sans compter que d'autres grands événements, comme l'Exposition universelle de 1967 et les Jeux olympiques de 1976, n'auraient probablement jamais eu lieu.

Bref, le métro, c'est Montréal... et Montréal, c'est le métro !

LE MÉTRO EN CHIFFRES

Environ **10** milliards de déplacements depuis 1966

Environ **250** millions de déplacements par année

Près de **1** million de déplacements par jour de semaine

TUNNELS

71 km de tunnels en incluant les raccordements
65 km de tunnels en exploitation :
22,1 km de tunnels sur la ligne verte
29,3 km de tunnels sur la ligne orange
4,2 km de tunnels sur la ligne jaune
9,7 km de tunnels sur la ligne bleue
Distance moyenne entre les stations : **0,9** km
Stations les plus éloignées : Berri-UQAM et
    Jean-Drapeau (**2,4** km)
Stations les plus rapprochées : Peel et McGill (**0,3** km)
Courant de traction : **750** volts

STATIONS

68 stations
27 stations sur la ligne verte
31 stations sur la ligne orange
3 stations sur la ligne jaune
12 stations sur la ligne bleue
4 stations de correspondance : Berri-UQAM,
    Jean-Talon, Lionel-Groulx et Snowdon
Profondeur moyenne des stations : **15,4** m

Stations les plus profondes : Beaudry et Charlevoix (**29,6** m)

Stations les moins profondes : Angrignon et Longueuil–Université-de-Sherbrooke (**4,3** m)

Station la plus achalandée : Berri-UQAM (près de **13** millions d'entrées par an)

Station la moins achalandée : Georges-Vanier (moins de **1** million d'entrées par an)

VOITURES

336 voitures MR-63 avant leur retrait (**369** au départ, **33** perdues dans les incendies de 1971 et 1974)

423 voitures MR-73

468 voitures MPM-10/Azur commandées

Kilométrage par voiture par année : environ **100 000** km

Kilométrage total par année : près de **80** millions de km pour toutes les voitures

Longueur d'un train de 9 voitures : **152,4** m

Poids d'un train de 9 voitures (vide) : plus de **225 000** kg

Poids d'un train de 9 voitures (plein) : plus de **325 000** kg

Capacité d'un train de 9 voitures : environ **1000** passagers

Largeur de chaque voiture : **2,5** m

Hauteur de chaque voiture : **3,7** m

8 pneus porteurs par voiture

8 pneus de guidage par voiture

4 moteurs électriques par motrice

Puissance de chaque moteur : **168** chevaux

Vitesse maximale : **72** km/h

QUI ÉTAIENT-ILS?

Angrignon: J.-B.-Arthur Angrignon (1875-1948), échevin du quartier Saint-Paul de 1921 à 1934 et membre du comité exécutif de la Ville de Montréal de 1928 à 1930.

Atwater: Edwin Atwater (1808-1874), conseiller puis échevin du quartier de Saint-Antoine et président de la Commission de l'aqueduc (1851-1857).

Beaubien: Une famille de grands propriétaires terriens et d'hommes politiques.

Beaudry: Pierre Beaudry, propriétaire du terrain à travers lequel la rue Beaudry fut ouverte.

Berri-UQAM: Simon Després dit Le Berry, propriétaire vers 1660 d'une terre bornée à l'ouest par un des segments de la rue Berri.

Bonaventure: Giovanni di Fidanza (1221-1274), saint Bonaventure, théologien, philosophe et mystique de l'ordre des Franciscains.

Cadillac: Antoine Laumet dit de Lamothe Cadillac (1658-1730), coloré personnage de la Nouvelle-France et fondateur de la colonie de Detroit.

Cartier: Sir George-Étienne Cartier (1814-1873), copremier ministre du Canada-Uni de 1857 à 1858 et de 1858 à 1862, un des pères de la Confédération de 1867.

Charlevoix: François-Xavier de Charlevoix (1682-1761), jésuite et historien français qui participa à l'exploration du Mississippi.

Crémazie: Le poète Octave Crémazie (1827-1879), un des fondateurs de l'Institut canadien à Québec.

D'Iberville : Pierre Le Moyne, sieur d'Iberville (1661-1706), héros de la Nouvelle-France et fondateur de la Louisiane.

De Castelnau : Édouard de Curières de Castelnau (1851-1944), général français qui défendit avec succès la ville de Nancy contre l'armée allemande en 1914.

Édouard-Montpetit : L'économiste Édouard Montpetit (1881-1954), fondateur en 1920 de l'École des sciences sociales, économiques et politiques de l'Université de Montréal.

Fabre : Monseigneur Édouard-Charles Fabre (1827-1896), troisième évêque (1876) et premier archevêque (1886) de Montréal.

Frontenac : Louis de Buade, comte de Frontenac et de Palluau (1622-1698), gouverneur général de la Nouvelle-France de 1672 à 1682 et de 1689 à 1698.

Georges-Vanier : Le général Georges-Philias Vanier (1888-1967), avocat, militaire, diplomate et gouverneur général du Canada de 1959 à 1967.

Guy-Concordia : L'arpenteur Étienne Guy (1774-1820), qui céda à la Ville de Montréal le terrain où est située la rue Guy.

Henri-Bourassa : Le journaliste et politicien Henri Bourassa (1868-1952), fervent nationaliste canadien-français et fondateur du journal *Le Devoir* en 1910.

Honoré-Beaugrand : Le journaliste et romancier Honoré Beaugrand (1848-1906), fondateur du journal *La Patrie* en 1879 et maire de Montréal en 1885 et 1886.

Jarry : Stanislas Blégnier dit Jarry père, cultivateur et propriétaire de la terre à travers laquelle la rue Jarry fut ouverte.

Jean-Drapeau : Jean Drapeau (1916-1999), maire de Montréal de 1954 à 1957 et de 1960 à 1986, qui décréta la construction et le développement du métro de Montréal.

Jean-Talon: Jean Talon (1625-1694), premier intendant de la Nouvelle-France.

Jolicœur: Joseph Moïse Jolicœur, premier curé résident de la paroisse Notre-Dame-du-Perpétuel-Secours en 1906.

Joliette: Barthélémy Joliette (1789-1850), fondateur au milieu des années 1820 du village de L'Industrie, aujourd'hui Joliette.

Langelier: Sir François-Charles-Stanislas Langelier (1838-1915), avocat, homme politique et lieutenant-gouverneur de la province de Québec en 1911.

LaSalle: L'explorateur René-Robert Cavelier de LaSalle (1643-1687), qui chercha toute sa vie un raccourci vers la Chine.

Laurier: Sir Wilfrid Laurier (1841-1919), chef du Parti libéral de 1887 à 1919 et premier ministre du Canada de 1896 à 1911.

Lionel-Groulx: Le chanoine Lionel Groulx (1878-1967), fondateur en 1946 de l'Institut d'histoire de l'Amérique française.

Lucien-L'Allier: Lucien L'Allier (1909-1978), ingénieur en chef du réseau initial du métro de Montréal et président de la Commission de transport de 1964 à 1974.

McGill: Le commerçant de fourrures James McGill (1744-1813), qui a permis la création de l'université qui porte son nom.

Monk: Sir James Monk (1745-1826), administrateur du Bas-Canada en 1819.

Montmorency: François-Xavier de Montmorency-Laval de Montigny (1623-1708), premier évêque de Québec et ancien seigneur de l'île Jésus (Laval).

Papineau: Joseph Papineau (1752-1841), notaire, arpenteur, homme politique et père de Louis-Joseph Papineau (1786-1871).

Peel : Sir Robert Peel (1788-1850), homme politique anglais qui créa la police de Londres, d'où les surnoms « *bobbies* » et « *peelers* » qu'on donne là-bas aux policiers.

Pie-IX : Le cardinal Mastai Ferretti (1792-1878), élu pape en 1846 sous le nom de Pie IX.

Plamondon : Le peintre Antoine Plamondon (1804-1895) ou l'artiste lyrique Rodolphe Plamondon (1875-1940).

Préfontaine : L'avocat Raymond-Fournier Préfontaine (1850-1905), maire de Montréal de 1898 à 1902.

Radisson : L'explorateur Pierre-Esprit Radisson (vers 1640-1710), fondateur en 1670 de la Compagnie de la Baie d'Hudson.

Sauvé : Un ancien propriétaire du quartier Ahuntsic.

Sherbrooke : Sir John Coape Sherbrooke (1764-1830), gouverneur en chef de l'Amérique du Nord britannique de 1816 à 1818.

Snowdon : Un ancien propriétaire de ce secteur ayant longtemps servi de point de correspondance pour les tramways.

Square-Victoria–OACI : Victoria (1819-1901), reine de Grande-Bretagne et d'Irlande (1837-1901).

Vendôme : L'un ou l'ensemble des ducs de Vendôme, dont plusieurs jouèrent un rôle important dans l'histoire de la France.

Viau : Charles-Théodore Viau (1843-1898), fondateur en 1867 de la biscuiterie Viau, avec ses célèbres biscuits au chocolat Whippet.

LE MÉTRO DANS NOTRE CULTURE

DANS LA LITTÉRATURE

Plusieurs livres de fiction ont pour décor le métro de Montréal. Mentionnons seulement *C't'à ton tour, Laura Cadieux* de Michel Tremblay, qui met en vedette les tapis roulants de la station Beaudry.

Notons aussi les contes pour enfants comme *Alfred dans le métro* de Cécile Gagnon (Éditions Héritage, 1980), et les recueils de textes de fiction, dont *Chroniques du métro* de Louise Champagne (Éditions Triptyque, 1992).

Les Éditions Adage ont également publié la série de livres « La poésie prend le métro » dans les années 2000.

Enfin, signalons la bande dessinée *Paul dans le métro* de Michel Rabagliati (La Pastèque, 2005).

AU GRAND ÉCRAN

On voit beaucoup le métro de Montréal dans les films québécois. Le plus important est *Sonatine* de Micheline Lanctôt (1984), car toute la fin du film s'y déroule. Mentionnons également *Jésus de Montréal* (1991), *Cosmos* (1996), *Joyeux Calvaire* (1996), *C't'à ton tour, Laura Cadieux* (1998), *Maelström* (2000), *Les Dangereux* (2002), *Elvis Gratton 3* (2004), *Idole instantanée* (2005), *La Vie avec mon père* (2005) et *Cruising Bar 2* (2008).

Le cinéma canadien-anglais a aussi emprunté notre métro. Le célèbre réalisateur David Cronenberg a produit plusieurs films d'épouvante, dont *Rabid* (1977), qui propose une scène abracadabrante dans un train entre les stations Crémazie et Sauvé. Le film A *Problem With Fear* (Gary Burns, 2003) y a également été tourné.

Le métro de Montréal se costume parfois pour servir Hollywood. Dans *The Jackal* (*Le Chacal*, 1997), les acteurs Richard Gere et Bruce Willis tentent de nous convaincre que l'action tournée aux stations Lionel-Groulx et Radisson se déroule dans le métro de Washington... D'autres films américains ont été tournés dans notre métro, dont *Levity* (2002), *WarGames : The Dead Code* (2008), *Warm Bodies* (2013) et *X-Men : Days Of Future Past* (2014).

Des courts-métrages ont le métro pour décor, à commencer par Les *« troubbes »* de Johnny par Jacques Godbout (1974). Plus récemment, en 2015, la cinéaste Nadine Gomez y a tourné un fort beau documentaire en noir et blanc intitulé tout simplement *Métro*.

DANS LES CHANSONS

Le métro de Montréal a été chanté par plusieurs groupes ou interprètes d'ici, dont Beau Dommage (*Tous les palmiers*, *Le passager de l'heure de pointe*), Dany Bédard (*Y'a personne*), Daniel Bélanger (*Cruel*, *Tout à coup*), la Bottine souriante (*Martin de la Chasse-galerie*), Isabelle Boulay (*La vie devant toi*), Robert Charlebois (*Fais-toi-z'en pas*), Adam Cohen (*Métro mélancolie*), les Colocs (*Séropositif boogie*), les Cowboys fringants (*La tête à Papineau*), Céline Dion (*Je danse dans ma tête*), Dionysos (*T'attends ton train*), Claude Dubois (*Femmes ou filles*), Jean-Pierre Ferland (*Monsieur Gobeil*), Louise Forestier (*Demain matin, Montréal m'attend*), French B (*Le train bleu*), Éric Lapointe (*Hymne à Montréal*), Daniel Lavoie (*Le métro n'attend pas*), Tex Lecor (*Le frigidaire*), Sylvain Lelièvre (*Marie-Hélène*, *Dans le métro*), Jean Leloup (*L'amour est sans pitié*), Kate & Anna McGarrigle (*Complainte pour Ste-Catherine*), les Respectables (*Amalgame*), la Révolution française (*Québécois*), Richard Séguin (*Terre de Caïn*, *Le blues d'la rue*, *Dans ma peau*) et Trois gars su'l sofa (*Les belles filles dans le métro*).

Début 1977, l'agence BCP produit la publicité « Il fait beau dans le métro », qu'on peut admirer sur YouTube (ainsi que quelques parodies !). Voici les paroles de la chanson originale :

Il fait beau dans l'métro !
Il fait beau dans l'métro
Tou l'monde est gai
Tou l'monde a le cœur au soleil
Il fait beau dans l'métro
Plus ça va vite
Plus il fait beau dans nos oreilles
Il fait beau dans l'métro
Y a tout l'ciel bleu
Dans les yeux contents de tout l'monde
Il fait beau dans l'métro
Car on sourit
Not' métro c'est l'plus beau du monde
Il fait beau dans l'métro
Et dans l'autobus
C'est son p'tit frère
Il fait beau dans l'métro
(Et l'autobus !)
Peux-tu en dire autant dans ton auto ?
Ha-ha-ha-ha-ha !
Il fait beau dans l'métro
Not' métro c'est le plus joyeux
Et comme il chante c'est tant mieux
Vive le métro !
(Et l'autobus !)
Oui ! Il fait beau dans l'métro !

CHRONOLOGIE

1960

Le Parti civique de Montréal, mené par Jean Drapeau et Lucien Saulnier, remporte les élections municipales montréalaises en promettant la construction d'un réseau de métro.

Le Parti libéral de Jean Lesage remporte les élections provinciales au Québec, signalant le début d'une ère de grands changements économiques et sociaux qu'on appellera par la suite « Révolution tranquille ».

1961

Création du Bureau du métro et approbation par le conseil municipal d'un emprunt de 132 millions$ pour la construction d'un réseau de métro, porté à 213 millions$ en 1963 en raison de l'ajout de stations et de trains.

Création de Télé-Métropole, aujourd'hui le réseau TVA.

1962

Les travaux de construction du métro débutent sur la rue Berri, au sud de la rue Jarry.

L'administration Drapeau-Saulnier est réélue à l'Hôtel de ville de Montréal, tout comme le Parti libéral de Jean Lesage.

1963

La fabrication des voitures MR-63 est confiée à la firme Canadian Vickers.

Inauguration de la Place des Arts et premiers attentats à la bombe du Front de libération du Québec (FLQ), qui revendique l'indépendance du Québec face au Canada.

1966

Le métro est inauguré entre les stations Atwater et Papineau sur la ligne verte, et les stations Henri-Bourassa et Place-d'Armes sur la ligne orange. Les stations Beaudry et Frontenac ouvrent en fin d'année.

L'administration Drapeau-Saulnier est de nouveau réélue à l'Hôtel de ville de Montréal, tandis que le Parti libéral est battu par l'Union nationale dirigée par Daniel Johnson.

1967

Les stations Square-Victoria et Bonaventure sont ouvertes sur la ligne orange, ainsi que la ligne jaune qui dessert Longueuil et le site d'Expo 67.

L'Exposition universelle enregistre plus de 50 millions d'entrées et permet à Montréal de s'ouvrir au monde entier.

1970

Création de la Communauté urbaine de Montréal (CUM) et du Bureau de transport métropolitain (BTM), chargé de planifier les prolongements du métro.

À Québec, le Parti libéral reprend le pouvoir sous la direction de Robert Bourassa. Malgré le départ de Lucien Saulnier, Jean Drapeau est réélu. Il s'agit de son quatrième mandat consécutif comme maire de Montréal. Le scrutin a lieu pendant la Crise d'octobre, période trouble durant laquelle le ministre du Travail Pierre Laporte est enlevé par des membres du FLQ, puis retrouvé mort.

1971

Les travaux de prolongement du métro débutent le 14 octobre sur le site du futur terminus Honoré-Beaugrand.

La « tempête du siècle » frappe Montréal, forçant l'ouverture du métro toute la nuit.

1974

La fabrication des voitures MR-73 est confiée à la firme Bombardier.

Jean Drapeau est réélu, pour un cinquième mandat consécutif, comme maire de Montréal.

1976

La ligne verte du métro est prolongée jusqu'à la station Honoré-Beaugrand.

Le gouvernement du Québec impose un moratoire sur tous les prolongements du métro. Ce moratoire est dû à une explosion des dépenses publiques, notamment la construction du Parc olympique de Montréal qui accueille les Jeux olympiques d'été cette même année. L'élection en novembre du Parti québécois, dirigé par René Lévesque, n'a pas d'impact sur le moratoire.

1978

La ligne verte du métro est prolongée jusqu'à la station Angrignon.

Jean Drapeau est réélu, pour un sixième mandat consécutif, comme maire de Montréal.

1980

La ligne orange du métro est prolongée jusqu'à la station Place-Saint-Henri.

Au premier référendum sur la souveraineté du Québec, le « non » l'emporte largement avec 59,5 % des voix, contre 40,5 % pour le « oui ».

1981

La ligne orange du métro est prolongée jusqu'à la station Snowdon.

Le Parti québécois de René Lévesque est réélu, mais le Québec est écarté des négociations sur l'avenir de la Confédération canadienne, qui se traduisent par une nouvelle loi constitutionnelle à laquelle le Québec ne veut pas adhérer.

1982

La ligne orange du métro est prolongée jusqu'à la station Côte-Sainte-Catherine, puis jusqu'à la station Plamondon.

Jean Drapeau est réélu, pour un septième mandat consécutif, comme maire de Montréal.

1984

La ligne orange du métro est prolongée jusqu'à la station du Collège.

Le pape Jean-Paul II visite le Canada et effectue un arrêt à Montréal.

1986

La ligne bleue est inaugurée entre les stations Saint-Michel et De Castelnau, tandis que la ligne orange est prolongée jusqu'à la station Côte-Vertu.

Jean Drapeau ne se représente pas aux élections municipales, remportées par le Rassemblement des citoyens de Montréal (RCM) dirigé par Jean Doré.

1987

La ligne bleue est prolongée jusqu'à la station Parc.

Un véritable déluge s'abat sur Montréal, provoquant de nombreuses inondations ; le métro n'est toutefois pas affecté sérieusement.

1988

La ligne bleue est prolongée jusqu'à la station Snowdon, à l'exception de la station Acadie, qui ouvre un peu plus tard.

Un incendie dans un entrepôt de BPC sème la panique à Saint-Basile-le-Grand, sur la rive sud de Montréal.

2007

La ligne orange est prolongée jusqu'à la station Montmorency, à Laval.

Jean Charest est réélu premier ministre du Québec, mais le Parti libéral qu'il dirige devient minoritaire.

2010

La fabrication des voitures MPM-10 (Azur) est confiée au consortium Bombardier-Alstom.

La Société de transport de Montréal (STM) remporte le prix de la meilleure société de transport en Amérique du Nord.

POUR EN SAVOIR PLUS

DES LIVRES AU SUJET DU MÉTRO

Le tout premier livre sur le métro de Montréal paraît au moment de son ouverture, en 1966. Rédigé par Dominique Beaudin, préposé aux renseignements à la Ville de Montréal, *Le métro de Montréal en photos et en prose* offre un récit complet de la construction du réseau initial.

En 1976, le BTM publie un essai technique et photographique intitulé *Le métro de Montréal*. Une deuxième édition, avec de nouvelles photos, est publiée en 1983. Ce livre sert de carte de visite pour le BTM, qui souhaite vendre ses services à l'étranger. Pour les passionnés du métro, c'est une véritable bible!

En 1992, les Éditions Ulysse publient leur premier guide de voyage *Montréal en métro*. Il propose pour chaque station une description des lieux et plusieurs bonnes adresses à proximité. Une nouvelle version du guide est publiée en 2007, avec les stations du prolongement à Laval.

En 1993, les Éditions Hurtubise HMH publient le livre *À propos du métro* de Raymonde Lamothe, destiné aux jeunes. Huit ans plus tard, le même éditeur publie *Le métro de Montréal, 35 ans déjà*, le premier livre qui aborde simultanément les aspects historique, technique et artistique du métro. Il est rédigé par nul autre que l'auteur de ces lignes.

En 2011, à l'occasion du 45e anniversaire du métro, le Torontois John Martins Manteiga publie *Métro: design en mouvement* chez sa maison d'édition Dominion Modern. C'est sans contredit le livre le plus illustré, avec des centaines de photos, dont plusieurs de chaque station! Il propose également des entrevues avec les principaux artisans du métro.

En 2013, le Musée des Maîtres et artisans du Québec publie *Les artistes de la ligne orange*, catalogue de l'exposition du même nom tenue à la Bibliothèque du Boisé de Saint-Laurent. La même année, le Montreal Camera Club produit un album de photos intitulé *Impressions du métro de Montréal*.

En 2015, l'année précédant le 50e anniversaire du métro, les Éditions Les heures bleues publient *Carnets du métro de Montréal*, un recueil de textes de François Barcelo avec de très belles illustrations de Raynald Murphy.

DES LIVRES SUR L'HISTOIRE DU TRANSPORT COLLECTIF, CONTENANT DES CHAPITRES SUR LE MÉTRO DE MONTRÉAL

Robert Prévost, *Cent ans de transport en commun motorisé*, Les Publications Proteau, 1993.

Yvon Clermont, *Histoire de la Commission de transport de Montréal : les dix premières années*, Éditions Carte blanche, 1997.

Jacques Pharand, *À la belle époque des tramways : un voyage nostalgique dans le passé*, Éditions de l'Homme, 1997.

PRINCIPAUX SITES WEB

www.stm.info

En plus d'infos pratiques sur le réseau de la STM, ou y trouve la section « À propos » qui contient de nombreux textes et photos sur l'histoire du réseau ainsi que sur l'art dans le métro.

www.metrodemontreal.com

Créé par un passionné du métro, Matthew McLauchlin, ce site est une véritable encyclopédie. Il donne accès à plusieurs forums de discussion sur le métro et sur les autres modes de transport.

LES COLLABORATEURS

Benoît Clairoux emprunte le métro pour la première fois à l'âge de sept ans, en se rendant avec sa famille à un match de baseball des Expos au Stade olympique. C'est le coup de foudre! Ce soir-là, il dessine son premier plan de métro imaginaire. À sa sortie de l'université, il écrit le livre *Le métro de Montréal, 35 ans déjà*, et la STM l'embauche bientôt comme conseiller en Affaires publiques. Le jour du lancement de son livre en 2001, il s'offre pour en rédiger un second en 2016, lorsque le métro aura 50 ans. C'est maintenant chose faite.

François Couture dessine depuis qu'il est tout jeune. À 13 ans, il suivait déjà des ateliers destinés aux adultes, pour apprendre à reproduire des modèles vivants. Grâce à une formation en arts plastiques et en graphisme, il a pu transformer son talent en métier. Son style d'illustration, à la fois réaliste et parfois apparenté à la bande dessinée, est aujourd'hui apprécié de ses nombreux clients, principalement en publicité mais aussi dans le domaine du spectacle et des événements d'envergure internationale.

TABLE DES MATIÈRES

DANS LA MÊME COLLECTION

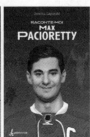

Suivez-nous sur le Web

Consultez nos sites Internet et inscrivez-vous à l'infolettre
pour rester informé en tout temps de nos publications et
de nos concours en ligne. Et croisez aussi vos auteurs
préférés et notre équipe sur nos blogues !
EDITIONS-PETITHOMME.COM
EDITIONS-HOMME.COM
EDITIONS-JOUR.COM
EDITIONS-LAGRIFFE.COM

Cet ouvrage a été achevé d'imprimer
sur les presses de Marquis Imprimeur inc.